おもしろすぎて
授業したくなる
道徳
図解

森岡健太 著

JN029327

明治図書

道徳の授業は……難しい？

「教育実習の担当をお願いできるかな」

校長からうれしい一言を頂きました。教育実習生の担当になるということは，何となく一人前に認めてもらえた気がしたんです。そして，何よりも私は人に教えるのが好き！（だから，教師は天職だと思っています。）

そうして，ワクワクしながら出会った教育実習生。吸収意欲がすごい方でした。そうなると，こちらも俄然やる気が出ます。この短い期間に，私のもっている限りの引き出しをすべて伝授しようと大張り切りでした。

ある時，尋ねました。「最後の公開授業は何にしますか」すると，迷っていた様子だったので，猛烈に道徳の授業をプッシュしました。

勢いで，道徳を勧めてみたものの，少し後悔をしていました。なぜなら，道徳の授業は非常に難しいからです。ましてや，１回しか授業ができない教育実習の中の公開授業。ズタボロになってしまったら，彼がかわいそうだ。どうしよう。次の日から猛特訓（？）が始まりました。

特訓の時間では，私が紙に手書きで道徳の授業のポイントを書いてきたものを渡し，彼がそれに対して質問をするという時間でした。

導入，発問，板書，役割演技，授業の作り方……それはそれは，たくさんのことを伝えました。実習生の彼にとっても分かりやすいものを目指して，図にして，言葉を添えて１つの「型」として伝えました。

そして，迎えた当日……。

授業は「大成功！」と言ってもいい出来栄えでした。子どもたちは自分なりに活発に意見交流をしていました。私はたくさんの道徳の授業を見ているのですが，「そこらの若手に負けない授業だ！」と思いました。

授業の事後に意見をもらう時に，校長から「今の授業はきれいすぎたね」との言葉を頂きました。「子どもたちが自分事として泥臭く考えられていたか」と問われたら，そこまではいってなかったと思います。

　でも，逆に考えると，それは最大のほめ言葉だとも思いました。彼は道徳の授業をするのが人生で初めてだったのです。「授業をきれいに流す」これだけでも実習生にとっては，レベルが高いことだと思います。それを1回目の授業にしてやってのけるとは……。

　教育実習が終わってから考えてみました。なぜ，あんなにも授業がうまくいったのだろうと。

　その答えは……「型」を伝えたことがよかったのではないかということです。道徳は難しい。でも，1つ1つは分解して考えると難しくない。これは，私の持論でもあります。

　さてさて，前置きが長くなりました。この体験から私は，以下の2点に考えが至りました。

---

①「型」を伝えると，誰でも道徳の授業のレベルが上がる。
②「型」を伝えるためには，図解が最適である。

　そこで，本書のコンセプトとしては，授業作りの「型」について，図解を入れて分かりやすくお伝えするというものにしました。

　1章では，授業作りについて，1から細かく解説しました。本来なら，「細かすぎるだろう」ということも図解が入ることによって，読みやすいものとなったと自負しております。

　2章では，板書や発問などの「型」をお伝えします。1章が理論としたら，この2章はスキルのようなものだと思っていただけたらと思います。

　3章では，授業作りにおいて，知っておいた方がよいことや，話し合いの時のポイントを解説しました。

4章では，1章から3章に出てきたことを踏まえて，実際にノート上で授業作りをしている様子を公開しました。この4章を見ながら，教材研究をすると，授業を作れるようになります。

　みなさんは，本を読まれる時に，前から読みますか。それとも，気になったところから読みますか。
　本書は，前から読み進めていくと，だんだんと授業作りについて分かるようになっています。「道徳の授業作りって，何をしたらいいのか全然分からない。困っています！」という方は，前からどんどん読み進めていってくだされればと思っています。
　一方で，「授業作りについては，ある程度知っているんだけどな」という方は気になったところからどんどん読み進めてみてください。基本的に本書は，2頁構成（まれに4頁構成）という形になっており，1つのテーマにつき，1つの図解が入っています。

　道徳の授業は，はっきり言って難しいです。でも，世の中のものを見ると，難しいものほど，奥が深くて面白いんです。パズルだって，クイズだってそうですよね。出されてすぐに解けてしまうものは物足りなく感じるはずです。難しいものは「あーでもない，こうでもない」と悩むから，解けた時にその苦労の分，面白さを感じるのです。
　道徳も例外ではありません。授業作りは難しいけれど，仕組みが分かったら，面白いです。「難しいけど面白い」「難しいから面白い」それが道徳だと思っています。
　本書を通して，「道徳の授業作りの仕組みが分からない」「道徳の授業をレベルアップさせたい」と思っている方の一助となれば幸いです。

森岡　健太

Contents

1 章　授業作りはパーツの 組み合わせでできている

2章　授業作りのパワーアップには型を見つけること

3章　さらなるレベルアップには多様な方法を知ること

4章　大公開！授業作りドキュメント

授業作りは
パーツの
組み合わせで
できている

1 章

01 どうする授業作り

　道徳の授業作りは難しい。まるで，砂漠の中のオアシスを探すようなもの。なかなか答えが見つからないです。

　この先の頁では，授業作りの仕方が分かるようになった経緯を書いています。私がどういう経緯で授業作りができるようになっていったのかの話にしばし，お付き合いください。授業作りにおいて，何か見えてくるものがあるかもしれませんよ。

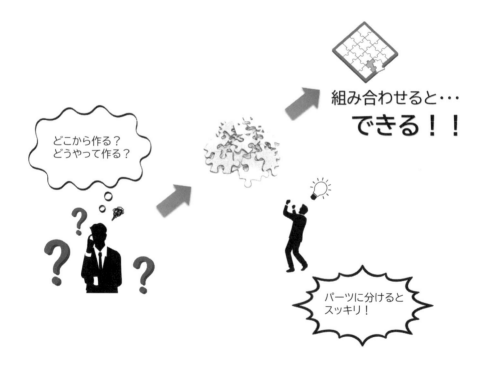

組み合わせると・・・

できる！！

どこから作る？
どうやって作る？

パーツに分けると
スッキリ！

授業作りの悩み

　さて，明日は道徳の授業だ。どこから，どうやって授業を作ろう……。このように悩まれる方は多いのではないでしょうか。働き出してすぐの頃，私は悩みに悩みました。その当時でも，算数や国語なら授業作りが何となくイメージはできました。なぜなら，算数なら「この計算ができるようになればいい」国語なら「この物語を学習して最後に感想を伝え合えばいい」というゴールが分かったからです。ところが，道徳はゴールが見えにくいです。1時間で何を学べばいいのかが分かりにくい……。

　悩んだ私が次にとった行動は，「指導書を見る」ということでした。指導書を見れば，ゴールが書いてあります。さらに，授業の流れや，発問，板書例が書いてあります。指導書に書いてある通りに授業を進めていく。これは，素晴らしい方法だと思いました。指導書に書いてある発問をすると，たいてい子どもたちから，予想される反応に書いてあるような意見が出てきます。

　ただし，ここでも問題が発生してきました。問題点は以下の3つです。

　1つ目の問題は，時間が足りなくなるという問題でした。指導書の通りに授業を展開すると，その通りにしなければという思いが強すぎて，時間が足りなくなることがたくさんありました。

　2つ目の問題は，指導書の流れと異なる展開になった時に困るということです。予想外の意見が出てきた時に，焦ってしまって手も足もでない。「それについては，また今度考えてみようか」と逃げてしまっていました。

　3つ目の問題は，授業に面白みが欠けるということでした。指導書通りに授業が進んでいっても，何だか物足りない感じがする。まるで，台本を渡されてそれを演じている感覚でした。「指導書に書いてあることをただ再現しただけ」「だったら，自分がやらなくても同じ結果になるのかな」そんなことがぐるぐる頭の中を回ります。せっかく授業するなら，自分で作って，満足のいく授業をしたい。そんな風に思ったのです。

指導書からの脱却

　指導書は優れているはずなのに，なぜ問題が起きてしまうのでしょうか。

　要因の1つは，指導書は誰もが使いやすいように作られているということです。使いやすいように作られていることがなぜ問題になるのでしょうか。

　道徳の授業では，教師の価値観やクラスの実態が大きく反映されます。ところが，指導書は多くの人が使いやすいように書かれているので，平準化されたものになっているのです。つまり，指導書の通りに授業を進めていくと，自分の価値観や目の前の子どもたちの実態とズレが生じてくるのです。

　もう1つの要因は，指導書に頼りすぎるという問題です。指導書通りに進めようと思って授業をすると，教材研究の時間をとらないでやってしまいがちです。すると，予想外の答えが返ってきた時に返答に困ってしまうのです。

　以上のことを踏まえると，結局，指導書通りに授業を進めようと思っても教材研究は必要になってきます。

　そこで，次の作戦を考えました。「指導書の一部を変えて授業をしてみよう」これならできそうな気がしますよね。「時間が足りなくなるから，この発問は削ってみよう」「中心発問は，クラスの子の実態を考えて少し変更してみよう」「ここの流し方はしっくりこないから，こっちにしてみよう」こんな風に少しずつ変更をしてみました。すると，指導書をそのまま真似していた時よりも，時間内に授業が終わるようになり，子どもたちの反応も少しずつよくなってきました。

　もちろん，失敗もあります。「発問を変えてみたら，うまくいかなかったな」「もしかしたら，指導書通りの方がよい発問だったかも」こんなことを繰り返していくうちにあることに気が付きます。ある部分を指導書に書いてあるものから自分で考えたオリジナルのものに入れ替えても授業がうまくいくなら，うまくいったものを蓄積していって，それらをつなぎ合わせたら，うまくいくのでは？　素晴らしい閃きだとその当時思いました。

授業作りで見えてきたもの

「部分をつなぎ合わせたら，授業が作れる」これは，私にとって画期的な閃きでした。つなぎ合わせたら完成するというのは，まるで，パズルのピースに似ていませんか。あるいは，プラモデルにも似ています。プラモデルは，パーツを組み合わせていったら完成しますよね。とにかく，1から作らないと作れないと思っていた授業作りは実は「パーツに分解して，それらを組み合わせると完成する」ということが分かりました。

「パーツを組み合わせて授業を作る」ということには，大きな利点があります。それは，圧倒的に授業を作る時間が短縮されるということです。授業は1から作るとなったら，時間がかかります。ところが，過去にうまくいったものを組み合わせていくのなら，時間は短くても質の高いものができてきます。教育現場は多忙です。授業作りの時間を短くして，質の高いものを作ることができるのは大きな魅力ではないでしょうか。

ここまで，本書を読み進めてくださった方は，パーツを組み合わせると授業が完成するのは分かった。でも，組み合わせ方が分からないし，そもそもパーツが手元に無いんだけど……となっているのではないでしょうか。

安心してください。この章では，「どのようにパーツを分けるのか」「どの順番でパーツを組み合わせるのか」「それぞれのパーツの考え方」について解説しています。また，先の章では，授業作りをレベルアップさせるためのパーツをたくさん用意しています。どのような組み合わせをしていけば，自分のクラスの子にとって分かりやすい授業になるのかを考えながら読み進めていただけたらと思います。

また，本書の別の使い方として，困った時に辞書代わりにして使うという方法もできます。「導入ではどうすればいいのかな」「板書のヒントはないかな」と気になる頁を見て，取り入れてみるという方法でも使ってみてください。

02 授業はパーツの組み合わせでできる

　授業作りは，「パーツに分けて考えればよい」「そのパーツを組み合わせていけばよい」ということは前頁までの説明で分かってもらえたと思います。では，そのパーツをどのような手順で組み合わせていけばいいのか。作り方は人それぞれですが，私のおすすめの手順は下の図の通りです。

　図は，３つの異なる領域から「ねらい」を抽出して，そこから授業を作っていくという方法です。

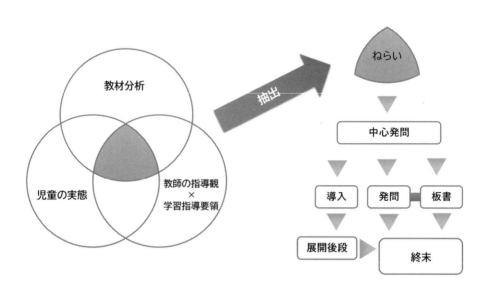

授業は前から作る必要はない

　さて，いよいよ「授業を作るぞ」となったら，どこから作り始めますか？実は，授業は前から作るのが正解とは限らないのです。

　かの有名なアガサ・クリスティは小説を作る時に前から書かなかったそうです。では，どこから書いたかと言うと「殺人シーン」から書いたとのこと。推理小説のメインは殺人シーンです。そのメインが面白くなかったら，話そのものが駄作になってしまう……。だから，１番書きたいメインが決まってから，その周りを作りこんでいく。そうやって話を作っていたようです。

　実は，これは授業作りでも同じだと言えます。初めに，内容項目に対しての理解を深めていきます。これがないと授業が薄味のものになってしまいます。次に教材の分析です。どんな価値観が隠れているのかを考えて教材を読みます。それらとクラスの子の実態を考えた時に図のように重なっているところを「ねらい」として抽出させます。

　そして，次が肝心なのですが，１番考えさせたい発問＝中心発問を考えます。つまり，発問をする順番に作るのではなく１番話し合わせたい発問から考えるということです。その後は，そこに向かっていく発問や導入を考えます。以下，展開後段や終末と続いていくわけですが……要するに授業は前から作る必要はないということです。

　もし，ワクワクする導入を思いついたらそこから授業を作るのもいいですし，板書から授業を作りこんでいってもいいのです。授業作りはパーツの組み合わせでできるという認識があれば，どこから作っても授業を作ることができます。この章では，それぞれのパーツについて解説していますので，気になるところから読み進めていってみてください。

【参考文献】
・『１日ごとに差が開く　天才たちのライフハック』（許成準，すばる舎）

01 自分の価値観と向き合う

　道徳の授業では，「誰が」授業をするかによって，授業の流れが変わってきます。授業力が違うからという意味ではなく，それまで送ってきた人生が人によって違うからです。授業は教師の価値観が反映される部分があります。

　例えば，「家族」について考える時に，幼少期に考える「家族」は子どもの立場で考えますが，20代なら改めて気付く家族のありがたさ。30代なら，我が子も含めての家族観。40代なら…といった感じで変わってきます。

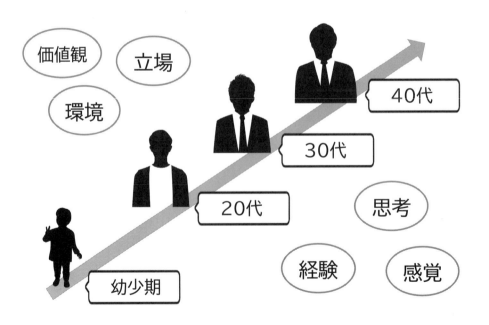

年齢によって価値観は変わる

人は年齢を重ねると，いろいろな経験を積んでいきます。環境や立場が変わり，それに伴って，感覚や思考，価値観が変わっていきます。だからこそ，今の自分の価値観って何だろうというのは，授業があるごとにしっかりと見つめ直していく方がいいと思っています。

例えば，20代の時に授業した教材を30代になってから改めて読むと違って見えてくることがあります。見え方が違うのは，20代の時，独身だったのが，30代になり家庭をもち子どもを授かっているからかもしれませんし，自分の親との死別を経験しているからかもしれません。

道徳の授業では，授業者の価値観だけで授業を行うと，価値観の押し付けになってしまうので注意が必要です。授業者が「友情ってこうあるべきだ」「親切ってこうあるべきだ」と強く思いすぎると，授業者の思う価値観の方に子どもたちを誘導してしまいかねないからです。

しかし，一方で，自分の価値観に何も向き合わずに授業するのも，難しいと思います。なぜなら，子どもが発言した時に，そこを深めたいなと感じるところは，授業者が大切にしている価値観の部分であることが多いからです。

自分の価値観と向き合っていると，終末の説話でも活きてきます。子どもたちとの話し合いがすべて終わり，振り返りも終わった後に，「実は，先生はこんな経験があってね……」と語ることができるからです。

道徳は年間で35時間あります。だいたい週に１回ですよね。そこで，自分の価値観に関して振り返るのは，教師にとっても貴重な時間になります。「スポーツを通して友情が芽生えたんだな」「けがをしてバスに乗った時に，優先座席を代わってもらったことはうれしかった。あれは親切だったな」

教師が内容項目に対して，過去の自分の経験などを思い出しながら，授業を作っていくことは，授業に深みをもたらしてくれます。次頁では，実際にどのようにして，内容項目に対して考えを深めているのかを紹介します。

02 どれだけイメージできるか

　私が自分のノートに教材研究をする時に書いているものの一部です。ノートの中心にその時間で扱う内容項目を書きます（下図は真理の探究です）。

　そこから，マインドマップを使って，その内容項目に関する自分なりの考え方や価値観をどんどん書き出していきます。この作業をするかどうかで，授業の時の深まり方が変わってくるので，ぜひ挑戦してみてください。

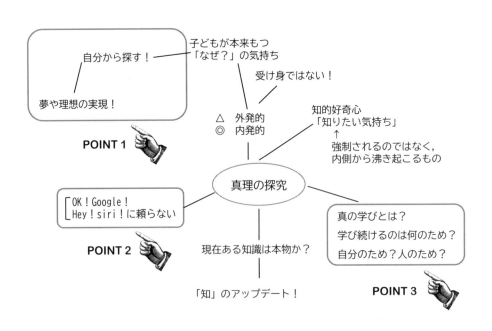

イメージマップの書き方

　教材を一読した後，その時間に学習する内容項目について，自分なりの考えを深めていきます。方法としては，図のようなイメージマップを使っていきます。

　図を例にして説明します。まず「真理の探究」という言葉から思いつくことをどんどんキーワードでつなげていきます。私は「内発的か外発的か」という言葉が浮かんだのでそれを書きました。内発的ということは，本来もっている「なぜ？」の気持ちだな。その気持ちをもち続けていたら，最終的には「夢や理想の実現につながるな」と考えました（POINT 1）。

　他にも，自分の中でどんどんキーワードを思い浮かべた後にやったことは，エピソードを思い出すということです。今回は，子どもたちが何か疑問に思った時に OK！Google！や Hey！Siri！をすぐ使うことを思い出しました（POINT 2）。これは，「果たして真理の探究と相性がいいのだろうか」そんなことを考えたわけです。エピソードを考えておくと，それをそのまま導入や展開後段の発問，終末の説話にも使えます。この時に私が思いついた発問は「もし，この時代（昭和）にスマホがあったとしたら，登場人物は研究のために使ったのだろうか」というものです。

　キーワード，エピソードが書けてきたら，次は疑問を書きます（POINT 3）。内容項目に対して思った疑問を素直に書きます。「真の学びとは？」「そもそも人が学び続けるのは何のため？」「こういう研究って自分のためなのかな？　それとも人の役に立ちたいからなのかな？」こんな風にどんどん疑問を書いていきます。疑問はそのまま発問になりそうですね。

　このような感じでイメージマップをふくらませていきます。実際のノートでは，ノートを上下に区切って，上半分にこのマインドマップを作成して，下半分に板書計画を書いています。4章では，実際のノートに書いている様子を紹介していますので，そちらも併せてご覧ください。

01 ねらいは発達段階に合わせる

　下図は『学習指導要領解説　特別の教科　道徳編』（p.40）の「親切，思いやり」の内容項目について書いてあるところから抜粋しました。

　下段は１，２年生，中段は３，４年生，上段は５，６年生の内容項目の概要です。文章は似ているけれども，学年が上にいくにつれて，親切の対象が変わり，親切の中身も変わっていることが分かります。そこを確認することが授業作りでは，大切になってきます。

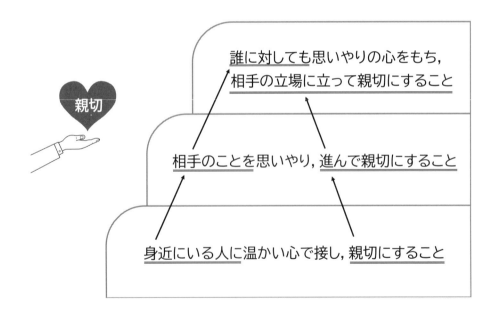

前後すると退屈になる

　例えば，６年生の算数の授業で「今日は，１＋１の計算の仕方を学習します」と言われたら，子どもたちはどんな顔をするでしょうか。退屈になるに決まっていますよね。何を当たり前のことを……と思ったかもしれません。でも，道徳の授業では，同じようなことが起こっていることがあります。

　６年生の授業で，「親切っていいよね。温かい心になるよね」で授業が終わっていたら，それは浅いのです。１，２年生のねらいですからね。

　では，どうすればよいのかという話ですが，学習指導要領解説を確認するのが１番だと思います。６年生の概要では，親切の対象は，身近な人だけではなく，「誰に対しても」となっています。親切の対象が広がったのだなということが分かります。そして，親切の中身も変わってきます。１，２年生では，親切という行為ができていたら「よし」としていたところですが，５，６年生では，相手の立場に立って親切にすることが求められています。他者意識があるということですね。

　このように，発達段階に合わせて，ねらいが前後しないように確認することはとても大切になってきます。

　つまり，学習指導要領解説を読んで確認する時には，自分の学年のところだけではなく，その前後も読んで発達段階によって，ねらいがどのように変わってくるのかも確認しておくことが必要となってきます。

　理想的には，その内容項目について書いてある見開きの頁を読む方がよいです。時間的に難しい場合は，概要のところで，発達段階によってどのようにねらいが変わってくるのかを確認して，詳細については当該学年のところを読むというようにしてみてはいかがでしょうか。

　学習指導要領解説の指導の要点には，発達段階ごとの児童の様子が載っています。自分のクラスの実態と照らし合わせながら読んで，ねらいについて考えることができたらいいですね。

02 時短のために 学習指導要領解説を使う

　知人から，「時短のために学習指導要領解説を使っている」と聞いて，半信半疑でした。学習指導要領解説を読んでいたら時間かかりそうですし……。

　ところが，活用し始めると，「時短」の意味が分かってきました。自分で1から考えるよりも，はるかに速く授業案を考えられます。

　今は，便利な時代になりました。図のように，学習指導要領解説をタブレットなどに，ダウンロードしておくと高性能検索マシーンに早変わりです。

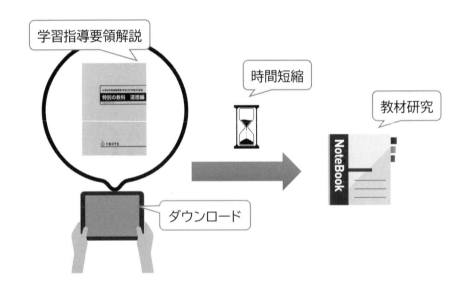

学習指導要領解説 × タブレット ＝ 高性能検索マシーン

時短につながる理由

　パーツ１で解説したように，内容項目に対して，毎回のように自分でじっくりと吟味した方が，教材研究は深いものとなります。しかし，時間がない時があるのも事実ですね。そこで，学習指導要領解説を使います。すると，目指すべきところが分かってくるので，そこから，自分なりに内容項目に対して考えたり，児童の実態を思い浮かべたりします。

　「学習指導要領解説は読み込むものだ」このように思い，時間がないからと，なかなか読めていない方がいるのも事実だと思います。「読み込む」という意識ではなく，調べものをする時の「辞書」だと思って使えばいいのです。一度調べた頁には，自分なりの解釈を書き足していけば，自分だけのオリジナル辞書の完成です。難しく考えなくても，自分でここがポイントだなと思ったところに線を引くだけでもいいです。すると，もう一度同じ内容項目の授業をする時に，頭の片隅にある前回の授業の記憶が蘇ってきます。

さらなる時短術

　学習指導要領解説は，ネット上で文科省の HP にアクセスすると，無料でPDF ファイルをダウンロードすることができます。

　もし，スマホやタブレットを使える環境にあったら，ダウンロードしない手はないです。なぜなら，PDF 上なら言葉の検索をかけることができるからです。例えば，先ほどの頁にあった「親切」という言葉を検索すると，９件ヒットします。そこから，自分の欲しい情報の頁にとんで「親切」について確認することができます。

　さらに，タブレット端末だと，紙媒体と同じように，書き込むことができるので便利です。私は，紙媒体は「読む」ために使用して，PDF のデータは「検索」するのに使用しています。

01 Aの項目は「葛藤」から探す

　内容項目のAは「主として自分自身に関すること」となっています。すべての教材に共通するというわけではないという前置きをしつつ……内容項目Aは，教材に「葛藤場面」が出てくることが多いです。

　教材の話の流れとしては，順調にいっている場面→葛藤場面→葛藤に打ち克つ（あるいは負ける）という流れが多いです。

　では，なぜこのような構成になっているのでしょうか。

葛藤場面

葛藤に打ち克つ

葛藤に負ける

その「価値観」は
なぜ大切？

その「価値観」は
どうやって積む？

葛藤の種類を知っておく

　人には，よりよく生きたいという願望があります。だから，悩むわけです。もし，何もかもどうでもいいと思っていたら，悩む必要はありません。少しでも生き方をよくしたいと思っているから，人は悩むわけです。

　さて，そんな葛藤ですが，大きく分けると２種類あります。「価値葛藤」と「心理葛藤」です。

　価値葛藤は正価値と正価値のぶつかり合いのことを言います。

　例えば，「友情」と「きまり」どちらを大切にするかというような葛藤のことを言います。公園で友達と遊んでいて，夕方になり，家に帰る時間が近づいてきた。そこで，友達が一言「あ！　ぼくのおもちゃがない」そうなったら，一緒にそのおもちゃを探しますよね。そこに，刻一刻と迫る門限。さて，どちらを優先させるべきか……。このような葛藤には正解がないですね。どちらも，正の価値同士だからです。そして，このような葛藤のことを「モラルジレンマ」と言います。なお，教科書には，「モラルジレンマ」を扱うものは少なく，次に紹介する「心理葛藤」の方が多いです。

　心理葛藤では，正価値と反価値の綱引きのことを言います。これには，たくさんの種類があります。「困った，どうしようかと迷う葛藤」「善と悪が分かれて生じる葛藤」「挫折体験に伴う自責に悩む葛藤」等です。

　例えば，「ずるをしたことを正直に言うべきかどうか」というような葛藤が心理葛藤にあたります。この場合の答えは明確です。「ずるをしたことを正直に言う」が正解ですよね。ですが，教材では「葛藤に打ち克つ」時と，「葛藤に負けてしまう」時とがあります。どちらの場合も，葛藤を通してどんなことに気が付いたかが大切になってきます。

　教科書教材では，こちらの「心理葛藤」が多くなってきますので，教材分析では，「どの場面で悩んでいるのか」「葛藤に至ったきっかけは何か」「その葛藤を通して登場人物はどのように変わったか」などに着目したいですね。

葛藤の中身を考えた先には

　ここからは，教科書で扱いの多い「心理葛藤」について述べていきます。

　葛藤場面がある時には，その中身を考えさせたいです。実は，役割演技とも相性がいいので，ぜひ挑戦してみてください（詳しくは2章パワーアップ4の役割演技「応用の型」の頁を参照してください）。なぜ，葛藤の中身を考えるべきかという話ですが，それが，人間理解につながるからです。「人間の心には強い部分と弱い部分があって，せめぎ合っているのだな」ここから学習をスタートさせていきます。

　葛藤の中身について考えさせるのは，人間理解という視点から大切ですが，そこで授業が終わっていたら，いわゆる「心情理解に偏った授業」になってしまいます。

　葛藤の中身を考えた後には，その先を考える必要があります。「なぜ，その葛藤に打ち克てたのか」あるいは，「なぜ，その葛藤に負けたのか」です。そこに焦点を当てて考えておくことで，自己のよりよい生き方に取り入れられると私は考えています。例えば，先ほどの「ずるしたことを正直に言うかどうか」について考えてみましょう。登場人物が正直に言えたとして，「なぜ，登場人物は正直に言えたのかな」と問うと，「正直に言う方が，自分のためになるからです」「自分の将来のためになるからです」などと意見が出てくることでしょう。すると，その後の展開後段へとスムーズにつながっていきます。「なるほど。正直に言うとみんなが言ってくれたような，いいことがあるんだね。では，正直に言うために大切なことは何だろうね」このようにして，正直に言うために（あなたが）大切だと思うことは何かを問うていき，自分事にしていきます。

　ここまでの，流れを整理すると，葛藤の中身を考える→どうやって葛藤を乗り越えたかを考える→その後，内容項目に迫る発問をするという流れになっています。枠組みはご理解いただけたでしょうか。

葛藤場面がない場合は……？

　これまで，葛藤場面について述べてきましたが，当然教材によっては，葛藤場面が少ない教材もあります。「努力と強い意志」「真理の探究」などの内容項目で，登場人物が教材を通して一貫して努力したり，真理の探究をしたりしている場合などです。教材で扱っているのが伝記なら，本来は偉人が葛藤した場面もあるでしょうが，「人間的な弱さの部分」ではなく「強い努力や探究心」を考えさせるために，その教材があるのだろうという理解です。

　では，このような教材の場合は，どうすればいいのでしょうか。登場人物の「強い」気持ちがどこにあるのかを探すといいと考えています。

　例えば，ヘレンケラーの先生であるアニー・サリバン先生を扱った教材があります。内容項目は「努力と強い意志」です。教材の最初の方に，ヘレンの家庭教師を引き受けるかどうかを迷う場面がありますが，その後は，どんな場面でもあきらめずに，強い意志をもってヘレンに対して接するという教材です。この教材では，サリバン先生の強い意志がいろいろな場面で見られます。葛藤が中心場面にきているわけではないので，この場合は葛藤を取り上げるよりも，「サリバン先生の『一番』強い意志を感じるのはどの場面ですか」などと発問して，そこを

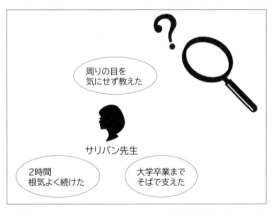

話し合わせた方が，授業に深みが出てくることでしょう。葛藤場面があったとしても，そこが中心となっているかどうかは見極めた方がよさそうです。

【参考文献】
・『道徳科重要用語事典』（田沼茂紀編著，明治図書）

02 Bの項目は「角度」を変えてみる

　Bの内容項目は「主として人との関わりに関すること」です。人との関わりとなっているので，登場人物が複数出てきます。

　お話の中では，複数の登場人物がいても，当然，1人の主人公に焦点が当たって物語が進んでいきます（まれに，例外がありますが……）。子どもたちは，教材を通して，自分事として考える時には，主人公に感情移入するわけです。つまり，最初にやるべきことは……。

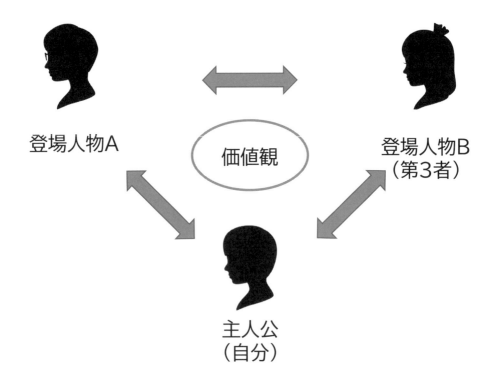

登場人物A　　価値観　　登場人物B
（第3者）

主人公
（自分）

主人公の行為行動に着目する

　基本的に教材は，主人公の視点で書かれていることが多いです。まずは，この主人公の行為行動に着目していきましょう。子どもたちが一番感情移入しやすいのは，主人公だからです。教材は，主人公が道徳的な行為行動をして，心情が変化して……このような構成になっていますよね。そこには，前頁で述べた「葛藤」が含まれていることがあります。どんな「葛藤」があるのか。なぜ「葛藤」しているのか。このあたりは，内容項目Aの教材の分析と同様に確認しておきたいところです。

　その一方で，内容項目Bでは，「主として人との関わりに関すること」となっているので，主人公以外の登場人物が登場します。主人公以外の登場人物は何人登場するのか，その登場人物は，主人公の行為行動に影響を与えているのか。あるいは，その他の登場人物の心情の変化が描かれている時も教材によってはあります。それを取り扱うのか，あるいは取り扱わないのか。この辺りを確認していきます。

内容項目についての考え方

　Bの内容項目はおおまかに分けると2つのタイプがあると思っています。1つは「深める」タイプ。もう1つは「広げる」タイプです。

　「深める」タイプは，もともと関係性があった者同士の関係がさらに深まるというものです。ある行為を通して，2人の「友情」が深まる。このようなタイプの教材です。

　「広げる」タイプは，主人公のある行為行動を通して，登場人物との関係性が生まれるというものです。例えば，転入してきた友達に優しくすることで，「友情」が芽生えるなどのタイプの教材です。

　教材が，どちらのタイプなのかということを確認しておきましょう。

主人公と他の登場人物との関係性を考える

　「深める」タイプと「広げる」タイプがあることは，先ほど述べました。どちらのタイプであるかを考えるためには，主人公と他の登場人物の関係性を見極めていく必要があります。

　例えば，教材の中で「いじめ」がテーマになっている場合を考えてみましょう。主人公が登場人物Aに嫌な言葉をかけられて，登場人物Bに助けてもらう。仮にこのような教材があったとします。表面的に読み取って，教材分析をすると，「Aの行為はダメ，Bは優しい」となりますよね。

　ところが，よくよく教材を読み込むと，「主人公と登場人物Bは幼馴染です」と書かれていたら……，もしかしたら，登場人物Bはそのいじめを止めるのに，「怖いけれど仲の良い幼馴染だからこそ勇気を振り絞って助けにきてくれたのかな」と考えることができます。

　また，主人公と登場人物Aとの関係性も大切になってきます。普段は仲良くしていて，たまたま，この教材の時に主人公の行動がきっかけとなり，嫌な言葉かけをしてしまったのか。それとも，普段から登場人物Aは主人公に嫌な態度をとっていたのか。

　このように，主人公と登場人物の関係性によって，「深める」か「広げる」かが変わってくるということは頭の片隅に置いておいた方がいいです。

　そして，主人公との関係性が明白な場合は，範読を始める前に子どもたちと一緒に確認しておくというのも１つの方法となります。黒板に，登場人物の挿絵を貼りながら，「今日の話では，主人公と登場人物Aと登場人物Bが出てきます。主人公と登場人物Bは幼馴染だそうです。そのことも踏まえて考えてみましょう」このように説明しながら，黒板に相関図を書き入れていきます（p.28に載せた図のようなものです）。

　このように，普段の関係性を確認しておくと，前提条件が明白になる分，子どもたちは一段と深いところで話し合いができますよ。

角度を変えて考えてみる

　「多面的・多角的」に考えるという言葉がありますので,「角度」という言葉を使っていますが,簡単にいうと「立場」を変えるということになります。

　もう一度述べますが,基本的に教材は,主人公の目線で書かれています。だから,主人公の行為行動について考える発問をするのが基本となってくるわけですが,他の登場人物の立場から考えるのも思考を深めるのに有効な手段となってきます。ここが,「道徳と国語」の違いになってきます（詳しくは,2章パワーアップ3をご覧ください）。国語は考える際の根拠を文章に求めています。つまり,主人公以外の登場人物のことは描写がない場合は,あまり考えないのです。

　ところが,道徳の場合,考える際の根拠は「自分の経験」となります。それゆえ,文章で書かれていない主人公以外の登場人物について考える発問をしても大丈夫なのです。むしろ,そこを考えることで深まりが生まれます。

　例えば,「親切」について考えるという教材について考えてみましょう。主人公が「親切」という行為をした場合は,なぜ「親切」にするといいことがあるのか。「親切」にする時に大切なことは何か。このような発問をして「親切」にすることについて考えることになりますよね。

　ここで,角度を変えてみると,「親切」をされた方（登場人物A）は,どのように感じたのかなと問うことができます。さらに角度を変えると,「親切をした主人公と親切をされた登場人物Aを見ていた登場人物Bはどのように感じたでしょうか」と問うこともできます。

　どの角度からその行為行動について考えるのかは,教材研究をする上で大切なポイントになってくると思います。第一に,子どもたちが感情移入しやすいかどうか。第二に,どの角度からの発問をすれば,より話し合いに深みが出るか。この辺りを考えることが必要になってきます。

03 Cの項目は「所属意識」を大切にする

　Cの内容項目は「主として集団や社会との関わりに関すること」となっています。AやBの内容項目と比べると，考える規模が大きくなっています。AやBの内容項目は，「自分：人」という構図でしたが，Cの内容項目は，「自分：集団や社会」という構図になっているからです。

　主人公の心情や，行為行動について考えることも必要かもしれませんが，それよりも大切なことがあります。それは……。

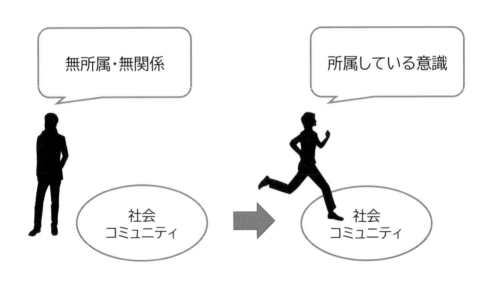

所属している意識を大切にする

　Cの内容項目は，「自分：人」ではなく，「自分：集団や社会」という構図になっています。ここに落とし穴があると思っています。

　「自分：集団や社会」という構図は，図の左側のように無意識のうちに子どもたちは考えがちです。なぜなら，教材によっては，感情移入する対象がない場合があるからです。「規則の尊重」であれ，「伝統と文化」であれ，「国際理解」であれ，自分がその「社会・コミュニティ」の外側にいる傍観者になってしまうと，話し合いは浅いものになってしまいます。自分とは関係ない「社会・コミュニティ」についての話し合いだと思うと，本音というよりは，きれいごとの話し合いになってしまいがちです。「ルールを破るのは悪いと思います」「伝統は大切です」「他の国と仲良くした方がよいです」これらのことは，話し合いをしなくても分かっていることなのです。自分事として考えなかったら，ポンポンとこのような意見が出てきます。

　そこで，子どもたちには，図の右側のような意識で話し合いができるように，こちらから「しかけ」をしていかなければいけないと思っています。

　方法は2つあります。1つ目の方法は，当事者意識をもたせるというものです。例えば，「規則の尊重」の内容項目で，AというルールとBというルールのどちらを採用するのかを悩んでいるという教材があったとします。その時，外側の意識のまま考えていたら，「どちらもいいところあるよね」となって終わってしまいがちです。そこで，「もし，あなたがこのクラス（教材の中）の一員だとしたらどちらのルールがよいですか」などと問い，真剣度合いを増していくことを意識します。

　国際理解でも同様ですよね。「他の国と仲良くした方がよいのは分かったけど，もしあなたがその国に行くとしたら……？」そうなった途端，子どもたちの中で迷いが出てくるはずです。「どうやったら仲良くなれるのかな」このように，自分事として考えることで深い話し合いになっていきます。

少し早めに教材から離れる

　もう1つの方法は，少し早めに教材から離れるという方法です。

　AやBの内容項目では，身近なことが扱われているので，どっぷりと教材に浸りながらも，学習を進めていくうちに自分事として考えることができ，内容項目について迫っていくことができるケースが多いです。

　一方，Cの内容項目では，どっぷりと浸らせているだけでは，難しい場合があります。例えば，「伝統と文化」で，北海道のお米「ゆめぴりか」を扱う教材を京都の子が学習していた場合，いつまでも「ゆめぴりか」を開発した北海道の人の願いを考えることに終始していたら，自分たちの地元の京都の「伝統と文化」に目がいきません。もし，総合的な学習の時間に地元の伝統や文化について学習しているなら，そこで学習したことを想起させる写真などを提示して，「北海道の人が『ゆめぴりか』を大切にしていることは，分かったね。京都ではどうだろう」と地元のことに目を向けさせていきます。

　そもそも，最初から京都の「伝統と文化」を扱えば解決するのではと思った方もいるのではないでしょうか。京都を扱う教材もあるので，それも1つの手ですが，「北海道には北海道の文化があり，京都には京都の文化がある。だから，その郷土特有の文化を大切にするにはどうしたらよいのか」というところに目を向けられるので，教科書の教材を使う価値はあります。

　整理します。p.32の図で言うと，1つ目の方法は，「もし，自分がその社会・コミュニティ（教材で扱っているもの）の一員ならどうするか」と問うことで，自分をその社会・コミュニティに近づけていくイメージです。2つ目の方法は，教科書教材で扱われているところをさらりと考えた上で，自分が所属している社会・コミュニティの例を出してきて，じっくりと考える。そして，教材との共通点を探っていくという方法です。

　どちらの方法にしても，教材の中身についてじっくりと考えるというより，自分事として，捉えさせることに重点を置くことを大切にします。

「なぜ」「どのように」を考えさせる

　Cの内容項目は，「自分：集団や社会」という構図があるというのは，述べました。AやBの内容項目のように「自分：人」の場合は，人を対象としているので，主人公の「思い」「願い」「考えていること」「気付いたこと」などを考えることは人間理解につながり，内容項目について考えやすいです。

　ところが，「自分：集団や社会」の場合は主人公の「思い」をずっと考えているよりも，「なぜ」や「どのように」に着目した方が内容項目について考えさせやすいです。

　例えば，「規則の尊重」でルールについて考える場面を思い浮かべてください。日常生活でも，ルールを破るかどうかを葛藤する場面よりも，「なぜ」そのルールがあり，「どのように」そのルールを守るかを考える場面の方が多いのではないでしょうか。学級会でルールについて確認する時などはまさにそのケースですよね。

　さらに言うと，主人公の葛藤に関わらず，ルールというものは存在します。そして，ルールというのは，特定の１人に対してあるものではなく，集団に対してあるものなのです。社会の中のルールは守るべきものという前提があります。この前提を踏まえた上で考えると，ルールを守るかどうかという悩みより，「なぜ」そのルールがあり，「どのように」してそのルールを守っていくかに目を向けた方がよいと言えるでしょう。

　規則の尊重を例にして出しましたが，他の内容項目でも同様です。家族の仕事をするかどうかの悩みよりも，なぜ，「その役割を果たすのか」「どうやって役割を果たすのか」に目を向けた方が，今後の自分の生活に関わる話し合いになってきそうですね。もちろん，葛藤を考えさせてはいけないということはないので，教材分析をして，有効な発問を探る必要はあります。

【参考文献】
・『小学校・中学校　納得と発見のある道徳科』（島恒生，日本文教出版）

04 Dの項目は「心が動くところ」を考える

　Dの内容項目は「主として生命や自然，崇高なものとの関わりに関すること」となっています。今までの内容項目と比べると断トツで分かりにくいものになっています。Dの内容項目は「自分：人」でもなければ「自分：集団や社会」でもないですよね。A，B，Cと比べると掴みどころが難しい内容項目。それがDの内容項目です。

　ですが，Dにも特徴がありますので，まずはそれを確認しましょう。

Dの内容項目の特徴

　Dの内容項目は，全部で４つしかないので，確認しましょう。「生命の尊さ」「自然愛護」「感動，畏敬の念」「よりよく生きる喜び」です。さてさて，これらの内容項目を並べてみると分かるのですが，扱っている価値観が人に対するものじゃないものが多いですよね。

　「畏敬の念」は辞書で調べると，「畏れて敬う心情のこと。主に神仏などに対して用いる」となっています。つまり，教材の中で，「人」を対象としていたとしても，少し神格化して扱っている。人間としては一段階上として見ている。そんなイメージをもてばよいです。

　人が対象ではないということを踏まえて，教材のことを考えると，Ａ～Ｃの内容項目との違いが分かってきます。Ａ～Ｃの教材では，葛藤の場面が描かれていることが多いと述べましたが，Ｄの教材では，葛藤場面が描かれていることが少ないのです。

　心情を考えてみると，Ａ～Ｃの教材では，登場人物の心情が教材を通して大きく変化します。例えば，「プラスの心情→葛藤に負ける→マイナスの心情→反省→プラスの心情」このように移り変わっていくことが多いです。心情が移り変わるからこそ，「主人公は，どのように考えていたのか」「なぜ，心情の変化があったのか」を考えさせることが有効になります。

　一方で，Ｄの内容項目では，心情の変化はあまり見られません。強いて言うならば「プラスの心情→プラスの心情→大きなプラスの心情」このような感じになっていることが多いです。

　葛藤がなくて，心情の変化も少ないのはなぜでしょうか。それは，扱っている価値観がマイナスをつけにくいものだからです。「命」を軽んじたり，「自然」なんかどうでもよいと考えたりすることは，まずないと言えるでしょう。そして，畏敬の念では，対象を神格化しているからマイナスの部分がないのです。これらのことを踏まえて発問を考えていきましょう。

心が動くところを探す

　Dの内容項目の教材では，「葛藤場面」が少ないことや，心情の移り変わりが少ないことは先に述べた通りです。

　そこで，発問としては，「（あなたが）一番心が動いたところはどこですか」「一番感動した場面はどこですか」「主人公の思いが一番強くなったのはどこですか」のように，場面や行動を比較させるような発問をすることが有効です。そして，それらの発問をする時には，セットで「なぜその場面を選びましたか」「なぜ，その行動が美しいと思いましたか」など「なぜ」を問うことで，話し合いを深めていくという流れになります。

　1つ目の「どこ」の発問で，子どもたちの思考を広げていきます。友達の意見を聞いた時には，「あ！　確かにその場面も素敵だな」などと，自分の気が付いていなかったところに目が向くからです。

　2つ目の「なぜ」の発問で，子どもたちは思考を深めていきます。同じ場面を選んでいても，理由が異なることが多々あるからです。その理由を聞き合う中で，子どもたちの考えは変わっていき，深まっていきます。

　これらの発問を活かすために，2章のパワーアップ1「板書」の「比較型」も併せてご覧ください。

　教材研究としては，教師自身がどの場面に「美しさ」「気高さ」などがあるのかを考えておくことが必要になってきます。低学年や中学年なら，こちらから，選択肢を示す必要があるかもしれません。「①②③の場面に主人公の美しさがあったよね。どこの場面が一番美しいと思いましたか」と問うやり方です。

　もう1つ大切なことは，教師自身が子どもたちにじっくりと考えさせたいところを考えておくということです。教材の中で「美しい場面」は並列に描かれているかもしれませんが，その時間のねらいに迫るためには，どの場面について一番掘り下げて発問すればよいかを考えておいた方がよいからです。

教師が掘り下げるべきだと感じるところでは,「問い返し発問」を入れていくことになります。時間があれば,たくさん問い返して議論を深めていきたいところなのですが……。時間は45分間しかないので,すべてを深めようとすると時間が足りなくなってしまうのです。

　整理すると,「心が動くところを探す発問をする」そして「なぜ,心が動いたのか」を問う。そのために,教材研究として,教師も「心が動くところについて」考えておき,「深めたいところ」については問い返し発問を用意しておく。このようにしておくとよいでしょう。

　「よりよく生きる」についても,考え方は一緒です。教材中の登場人物のどの部分を自分の生き方に取り入れたいかについて,考えさせていきたいですね。教材に登場する人物は,子どもたちにとっての憧れの存在。ロールモデル(手本となる存在)になっているということを知っておくとよいです。

教材研究で気を付けるべきこと

　教材研究がしやすいようにと,それぞれの内容項目の「傾向」を述べてきました。しかし,これは,あくまでも「傾向」なので,教材によっては全然当てはまらない例外があるということも頭の片隅に置いておいてください。

　例えば,Dの内容項目でも教材によっては,葛藤があって,それを乗り越えていくという話もあるでしょう。また,Bの内容項目で,主人公が2人出てくるという話もあります。主人公Aサイドの話と主人公Bサイドの話があり,それぞれの視点から物語が進んでいくというような構成です。この場合は,それぞれの立場から心情の変化を考えていくのか。はたまた,心情の変化ではなく,2人の考えの共通点と差異を考えていくのか。このようなことを考えなければいけません。

　それぞれの内容項目の「傾向」を意識すれば,時短にもつながり,教材研究もやりやすくなりますが,そこにとらわれすぎずに,ねらいに合った発問を作れるように気を付けていきたいものですね。

01 発問は点ではなく線で考える

　コーヒーを飲もうと思って買ってきたあなた。机に置いて……そうだ。買ってきたドーナツも一緒に食べようと立った瞬間！　肘がコーヒーに当たってこぼれてしまった。このような経験はないですか。

　さてさて，このような場面を道徳の授業として考えて発問を作るとなった時に，どのような発問をしますか。実は，「点」として聞くのか，「線」として聞くのかではずいぶん変わってきます。

瞬間の出来事では……

　前頁の問題ですが，何と発問しますか。「コーヒーをこぼしてしまった時，どのように思いましたか？」このような発問を思い浮かべた方もいるのではないでしょうか。それに対する児童の反応を予想してみてください。きっと「あっしまった！」という答えが返ってきますよ。それ以上に考えようがないのです。コーヒーをこぼすのは，瞬間の出来事です。その瞬間の出来事で，人は深く考えることはできないのです。

　では，どのように発問すれば深く考えられるのかという話ですが，「コーヒーがこぼれてしまったテーブルを見ていた時（拭いていた時），どのように思っていたでしょう」このように発問すればどうでしょうか。「なぜ，肘があたるところにコーヒーを置いたのかと後悔した」「そもそも，ドーナツも最初から持ってきておいたらよかった」など，いろいろな考えが出てくると思います。なぜなら，テーブルを拭いている時間は一瞬ではなく，自分の行動を顧みる時間があるからです。

じっくり考えるということ

　図でいうところの②を考えさせる発問はその瞬間（点）に着目しています。そうすると，登場人物が深い思考にたどり着いていないので，児童も深い思考にたどり着きません。一方，図の③はその後の時間の流れ（線）に着目させています。つまり，登場人物もじっくりと考える時間があり，深い思考になるので，子どもたちもじっくりと考えるというわけです。

　教材「はしの上のオオカミ」で，「おおかみはくまの後ろ姿をいつまでも見ていました」は典型的な例です。じっくりと見つめている時には，おおかみは何を考えていたのでしょうね。ぜひ，「点」ではなく，「線」の発問づくりを意識してみてください。

02 時間と人の２軸で考える

　横軸を「時間軸」とします。中心が現在，左側が過去，右側が未来です。そして，縦軸を自分（中心人物）との「関係性」とします。上側が自分の周りにいる人，下側がコミュニティのイメージです。

　パッと発問を考えると「～の時，登場人物はどう思ったでしょう」という発問（現在の自分を問う発問）になりがちですが……この軸をもとに組み合わせを考えていけば，発問の幅が広がってきます。

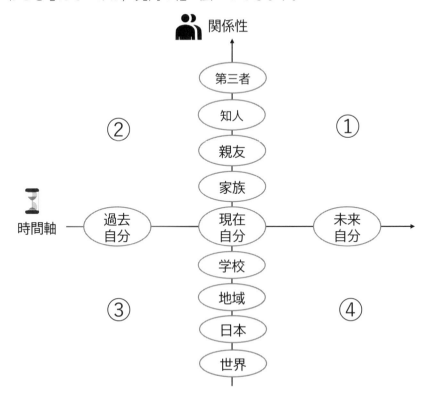

組み合わせは無限大

　発問を考える時に，図の現在の自分の場所から少し場所をずらしてみます。「お話の後，登場人物は家族に対してどのような思いをもったのでしょう」と問えば，子どもたちは，教材を離れて考えます。教材を離れて考える時には，考えの拠り所となるのは，自分の経験です。つまり，「もし，あなただったらどうする」と問わなくても自分事として考えられるというわけですね。

　変化を考えさせる発問も有効的です。例えば，親友の過去②から親友の未来①への変化を考えさせる発問などです。具体的には「親友のＡは，登場人物の行いに対して，今後どのように変わっていくだろうか」といったものです。通常は，登場人物の行動そのものを問うことが多いと思いますが，このように問うと「相手の立場ならどうか」と考えることができます。時間軸の変化だけではなく，親切にする対象を家族から親友，知人，第三者へと関係性について考えて，思いを広げていくように問うこともできますね。

視点を広げることを考える

　この２軸で考えることが大切な理由は，１つは前頁で述べたように，発問は「点」ではなく「線」で考えることが大切だからです。

　もう１つの理由は，いろいろな立場で考えることが大切だからです。詳しくは，３章の「多面的と多角的を意識する」（p.118）を参照してほしいのですが，いろいろな立場で考えると，思考の幅を広げることができます。この２軸を使えば，例えば「伝統を守るのは何のため」ということを考える時に，「過去」の思いを「未来」へつなげるためという風に考えることができます。さらには，「伝統を守るのは誰のため？」ということを考えることもできます。その地域に住む人のためなのか。自分の国のためなのか。そこを訪れる人のためなのか。２軸を組み合わせると思考の幅が広がってきますね。

03 内容項目へ迫ることを 意識する

中心発問で，子どもたちに考えさせる時にはいろいろな手法があります。下図は例なのですが，役割演技，ホワイトボードを用いた話し合い，シンキングツールを取り入れた活動……。それらの手法に加えて，発問の種類もたくさんあります。問題解決型の発問。テーマ型の発問。心情を問う発問。

さらに言うとこれらを組み合わせると活動の組み合わせは無限に考えられますね。そんな中でも意識するべきことは……？

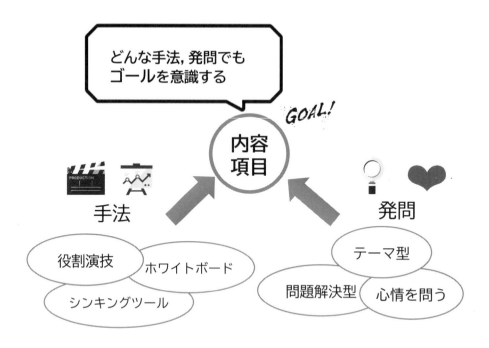

どんな型を使おうとも……

　図に示したようないろいろな手法，発問があります。本書でも2章や3章で取り上げていますのでぜひご覧ください。どの手法や発問がクラスの実態や教材の内容に合っているのかを考えることは大切なことですよね。

　ただし，どんな型を使おうとも意識してほしいのは，ねらいに迫るということです。ねらいに迫るということは，その1時間の中で，内容項目について考えることができたかどうかという風に置き換えることができると思います。一番やりがちなのが，登場人物の心情を問い続けて授業が終わるというものです。これだと，子どもたちは教材の世界観から離れられず，内容項目に対しての考えが深まらずに授業が終わってしまいます。

心情を問うことの是非

　では，道徳の学習の中で，心情を問うてはいけないのでしょうか。学習指導要領解説には「教材から読み取れる価値観を一方的に教え込んだり，登場人物の心情理解に偏ったりした授業展開とならないように」という文言があります。心情理解に偏った展開をしていると教材の世界観から離れることができずに，自分事として考えることができないからという意味がこめられていると思います。この文言から，「心情」を絶対に問わないという方もいますが，必ずしも心情を問うてはいけないわけではないのです。

　例えば，1年生を相手にする時に，いきなり「このお話で登場人物が一番仲良くなったのはどこかな」と問うより，この場面では「くまさんはどのように思ったのかな」と問う方が自然に答えられるでしょう。そして，心情を問うた上で，「では，どの場面が1番仲良くなったのかな」と発問する方が考えやすいです。要するに，「心情を問うこと」を内容項目へ迫るためのステップにするのです。跳び箱でいうところの踏切板のイメージですね。

04 全員が参加できるように工夫する

　人は，インプットするよりもアウトプットする方が記憶に定着すると言われています。他の教科では，学習したことを定着させるために，アウトプットの機会を多々設けていると思います。では，道徳の場合ではどうでしょうか。どのくらいアウトプットをする機会を設けていますか。私は，1つの授業で，少なくとも3回以上はアウトプットをする場面があることが望ましいと考えています。

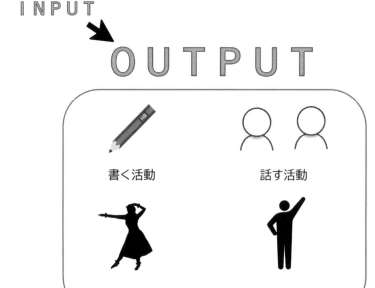

INPUT
OUTPUT

書く活動　　　話す活動

役割演技・動作化　　立場表明

1時間
↓
3回以上

アウトプットするとは？

さて，全員を参加させると聞くと，どのような状況を思い浮かべるでしょうか。子どもたちが挙手して，教師が指名して当てていく。確かにこれも全員参加の形かもしれません。ですが，挙手が苦手な子にとってはどうでしょうか。「挙手するのが苦手だから道徳が苦手です」となってしまっては，もったいなくはありませんか。

そこで，いろいろな方法を組み合わせることを考えてほしいのです。中心発問をした後に，ペアで話すのでもよいですし，書く活動を入れてもよいですし，「この場面では，登場人物の心情は＋に動いていますか。それとも－に動いていますか。手を挙げましょう」として，全員に立場を表明させるのもいいですね。他には，「一番，登場人物の考えが変わった所を指さしましょう。せーの！」といった具合の活動もいいですね。とにかくアウトプットの機会を保障する。これを徹底することで，考える習慣をつけさせたいです。

アウトプットのコツ

1人が発表をしているのを他の子どもたちが聞いている。これは，他の子どもたちにとっては，インプットをしている状態です。道徳では，友達の考えを聞いて，そこから自分なりに考えるということは，とても大切です。ですが，発表を受け身で聞いて終わってしまっている子はいないでしょうか。

どのようにすれば聞いている子たちの考える機会を保障できるでしょうか。

1つは，「今の意見に対してどう思いますか」と教師が全体に問い返していく方法です。当人ではなく，全体に問い返すのがポイントになります。

もう1つは，友達の意見を自分のワークシートに赤鉛筆で書くという方法です。色を変えることで，後で見返した時に，自分の考えと友達の意見を見比べやすいです。このようにして，アウトプットの機会を増やしていきます。

01 とにかく数をしぼる

　教材に4つの場面（挿絵）があるとして，指導書には，発問が図のように載っていることが多いです。中心発問にいくまでに，発問が3つ。そして，中心発問。さらに，その後の場面で発問が1つ。これに加えて，導入での発問，展開後段での発問があります。全部合わせると発問の数が7つになりますね。7つも発問があると，1つ1つの発問に対してかけられる時間が短くなってしまうのは明白です。では，どうすればいいのかと言うと……。

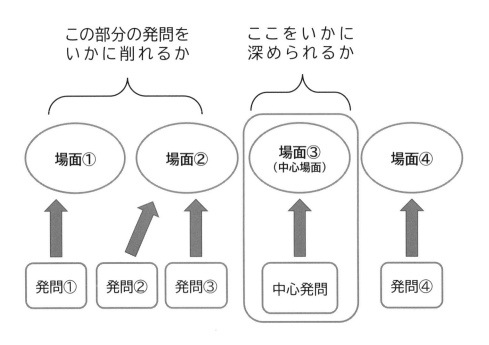

数をしぼるには？

　中心発問は，その授業の中で一番子どもたちにじっくりと考えさせたい発問のことです。それを踏まえるといきなり中心発問をするのが理想と言えます。その方が，中心発問に時間を割けますからね。ですが，それではうまくいかない時があります。子どもたちが中心発問をする場面にいくまでの状況を理解できていない時があるからです。

　数をしぼるには，いくつかの方法があります。１つ目の方法は，いきなり中心発問をしてしまう方法です。この方法をとる場合は，中心発問をして，子どもが「①の場面では，悲しそうだったし……」と前の場面に対する意見を言った時に，問い返し発問を入れながら振り返ればいいのです。「①では，悲しそうなんだね。それはなぜか，みなさんは分かりますか」このようにして，振り返っていけば，前の場面との関連性も見える上に，時間の短縮にもつながります。

　２つ目の方法は，教材を読み終わった後に，フリートークを入れる方法です。「では，この話を読んで（聞いて）思ったことを隣の人に話してみましょう」すると，子どもたちは，教科書の頁をめくって，「今の話は～だったね」「②の場面から登場人物が変わったんじゃない」などと盛り上がります。自由に話していく中で，教材への理解が深まるので，いきなり問いたい発問をしやすくなります。

　上記の２つの方法は，教師にとっても，子どもにとっても，ややレベルの高い方法です。ぜひ，挑戦してみてほしいところですが……。もし，これらの方法が難しそうだと感じた場合は，指導書を開いて発問を見てください。その中で，中心発問にいくまでに，削ることができそうな発問はどれかなと考えてみるといいです。図の場合だと，もしかしたら，①は導入の発問でカバーできているかもしれないですし，②と③は同じ場面に対しての発問なので，１つにしぼることができるかもしれませんよ。

02 中心発問との落差を意識する

　さて，前頁で中心発問までの発問は削る方がよいということを述べたわけですが，実際にはどうやって削りますか。いや，どんな発問を残しておきますか。

　いきなりですが，ジェットコースターはなぜ怖いと思いますか。あの高さが怖いから？　スピードが速いから？　どちらも正解ですが，その他にも，怖く感じさせるための演出があるからだと思うのです。その演出とは……。

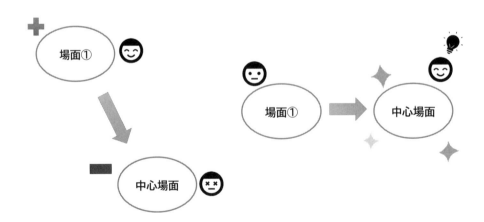

＋から-の心情へ　　　日常から「気づき」へ

ジェットコースター理論

「演出」の話をしましたが，その演出の答えは，「落差」です。ジェットコースターに乗った瞬間に落ちていくのなら，おそらく怖さは半減するはずです。ジェットコースターでは，「下にいる時の安心状態から，ゆっくりと上に向かっていく緊張状態」という心の落差が怖さを倍増させています。

中心発問へ向かうまでの発問は，中心発問を効果的にするための言わば「演出」なんですね。中心発問をより有効にするための発問と言えます。

では，どんな発問を入れれば，中心発問が有効になるかということですが，その答えはジェットコースターと同じで「落差」にあります。

道徳の教材では，登場人物がうれしい心情（＋の心情）になっている状態が初めにあり，中心場面で何かしらの出来事が起こり葛藤をする，そして嫌な気持ち（－の心情）という展開が多いです（あるいはその逆もあります）。

そこで，いきなり葛藤場面に注目して，「登場人物はなぜ悩んだのだろうか」と発問してもいいのですが，その葛藤をより浮彫にするために，１つ発問を入れます。「場面①では，なぜ登場人物は喜んでいたのだろうか」このように問うと，「テストで100点をとったから」「親にほめられたのがうれしかったんじゃないかな」などと，意見が出てきます。そこで「中心場面では，登場人物はなぜずるをしようと悩んだのだろうか」と問うと，「100点とったうれしさが忘れられなかったのでは」「ほめられたかった思いが強くてカンニングしようと悩んだのかな」と①の場面を踏まえた思考が始まります。他にも，日常生活では気付けていなかったことから中心場面で何かに気付くというパターンもあります。座席が埋まっている電車で，読書に夢中になっていたら，実は困っている老人が目の前にいた時。何気なく踏んでしまった草花にも命があり，育つのに10年もかかると知った時。これらの状況では，その日常の部分も問うことで，「落差」が生まれて，道徳的な気付き……つまり，中心発問がより有効になってきます。

01 導入で前提条件をそろえる

　始業のチャイムが鳴り，授業が始まった。まず，何を最初にするかというと「導入」ですよね。導入は，おおまかに言うと２パターンあります。教材への導入と，内容項目への導入です。

　では，導入ではどんなことを意識すればよいかという話なのですが，子どもたちが話し合いに向かうための前提条件をそろえることを意識します。教材へ導入するか，内容項目へ導入するかは，迷うところですが……。

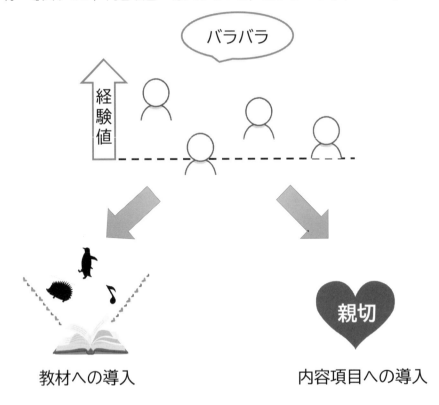

教材への導入

そもそもどのような時に教材へ導入するのか。３つの場合が考えられます。

１つ目は，時代背景が違う時などです。「江戸時代では～することが普通だったんだよ。どう思う？」と現代の感覚から考えさせます。

２つ目は，偉人を扱う場合です。その偉人について知らない状態で話を進めると，話し合いの土俵に乗ってこられない子どもがいるので配慮します。

３つ目は，教材に引き込みたい時です。「もし，電車の中に空いている座席が１つしかなかったらどうする？」と発問して考えさせた後に，「実は，今日のお話では同じような場面が出てきます。登場人物はどうしたんだろうね」と授業をスタートさせるとワクワク感が高まりますね。

このように，教材へ導入することによって，前提条件をそろえることができます。江戸時代や偉人を知っている子，知らない子。教材に出てきた経験をしたことがある子，ない子。これらの知識や経験の差を埋めるのが導入の働きとなってきます。

内容項目への導入

児童が経験を思い出しやすい内容項目だったら，内容項目へ導入しやすいですね。例えば，「友情」「親切」「勇気」「正直」などは，考えやすいのではないでしょうか。

最終的に「内容項目」について考えることがねらいとなってきますので，内容項目へ導入できる時は，こちらへ導入していけばよいと思います。

どちらの導入でも，「導入の時間を長くとりすぎない」ということは意識しなければいけません。導入の段階では，子どもたちはこれまでの知識や経験をもとに喋っていますので，そこには差があります。あくまでも，その知識や経験の差を埋めるための導入であるということを意識していきましょう。

02 教材へ導入する

　子どもたちが頑張って話し合いをしているけど，どこか他人事のような感じがする。そんな経験はありませんか。きっと，自分事として捉えることができていないのだと思います。では，どうすればいいのか。

　そんな時は，教材の世界観へどっぷりと浸らせてあげてください。「逆効果ではないの」と言われそうですが，そんなことはないです。本当にどっぷりと浸ると，教材の世界を通して，自分事として考え始めますよ。

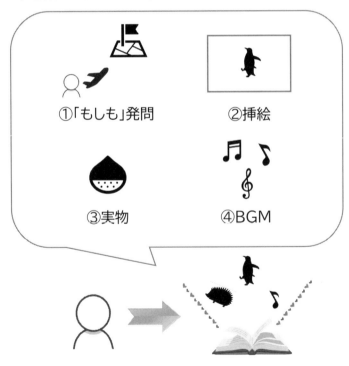

①「もしも」発問　　②挿絵

③実物　　④BGM

教材の世界観へ連れていく

教材へ導入する型

　ここでは，教材へ導入する型を4つ紹介します。

　①は，教材に出てくる状況を先に聞いてしまうというやり方です。例えば，「もしも，たった今から自由だと言われたら何をしますか」と問います。「自由になったらゲームをしまくります！」「思う存分旅行で楽しみます」このような答えが返ってくると思います。そこから「では，今日は自由について考えてみましょう」と授業をスタートさせる。すると，自分の思う自由と教材から学ぶ自由にはどんな違いがあるのかなと考えることになります。

　②は，挿絵をいきなり貼って，紹介する方法です。「実は，今日のお話では，こんな場面が出てきます。絵を見て何か気が付くことはありますか」と問います。「真ん中にいる女の子が悲しそうにしています」「何か嫌なことがあったのかな」このように意見を出させた後，「さてさて，どうなるのでしょうか」と教材の範読に進んでいきます。

　③は，実物を見せるというものです。実物といっても，本物ではなく，教師が作ったものでも構わないです。「ここに栗の実があります。欲しいですか」このように聞くと，「欲しい！　欲しい！」と子どもたちは言います。「みんな欲しいみたいだね。でも，1つしかなかったらどうする？」と問いかけ，そこから物語に進んでいくというスタートのさせ方です。

　④は，BGMから始めるというものです。例えば，「風が強く吹いている音」を再生します。そこで，「こんな風の音が聞こえてきたら，どうしますか」と問います。「寒そうだから，家にいる」「ものが飛んできたら危ないかもね」などと子どもたちは話し始めることでしょう。その後に，「そんな中でも登場人物の鳥さんは，木の実をりすさんに届けにいったそうです。なぜなんだろうね」とあらすじを少し伝えてから，話に進んでいきます。

　どの方法をとったとしても，その1時間で考えるめあてと教材の話を聞く視点は伝えておいた方が，その後で考えながら物語を聞くことができますね。

03 内容項目へ導入する

　授業を通して，子どもたちの考えはどのように変化したのか。それを見るために最適な方法が，「内容項目への導入」です。

　内容項目へ導入した方が，子どもたちの思考は深まりそうです。①〜④で共通しているのは，授業が始まった段階での子どもたちの「価値観」を問うということです。授業が終盤にさしかかると，子どもたちの考えは，どのように変わっていくでしょうか。

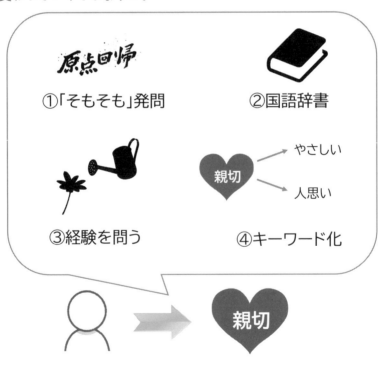

内容項目へ導入する型

　ここでは，内容項目へ導入する型を４つ紹介します。

　①「親切は大切ってことは知っていますよね。ところで，そもそも……親切ってどんな行動のことを言うのかな」このように問うと「人を助けることかな」と答えが返ってきます。そこで，「では，教材を読むことを通して，親切について考えていきましょう」とします。「そもそも」と問うことで，子どもたちがその時点でもっているイメージを引き出します。

　②は国語辞典から意味を引いてくる方法です。例えば，「寛容」という言葉。この言葉は子どもたちにとっては馴染みがないですよね。そこで，「寛容って知っていますか。実は，寛容を辞書で引くと……」と辞書の意味を伝えます。「辞書では○○という風に意味が出てきましたが，今日のお話ではどうでしょうか」と，自分たちで考えていくことを示します。辞書に書いてある以上の意味が見つかるかなと子どもたちはワクワクします。

　③は経験を問う方法です。これは，やりやすい方法ですが，気を付けるポイントがあります。経験を問う時は，「共通の経験を問う」ということを意識した方がよいです。「何か生き物を飼った経験がありますか」と問うよりも「生活科であさがおを育てましたね。育てる時に気を付けたことはありますか」と問う方が全員答えられます。「生き物を飼った経験」を問うと，飼ったことがない子は参加することができないので困ってしまいます。

　④は，キーワード化してイメージする方法です。「親切と聞いてイメージすることは何ですか」と問います。すると「優しいことです」「人思いなことかな」などと自由に子どもたちは発言することでしょう。そこから，「では，今日はみんながイメージしていた通りなのか，それともイメージ以外のことが出てくるのか楽しみですね」と授業を始めていきます。

　展開後段で，子どもたちから出た内容項目に対する考えがどのように変わるかを教師も子どもたちと一緒に楽しめたらいいですね。

01 導入とセットで考える

　導入で興味を惹きつけた後は，どうするのがよいのでしょうか。下の図から分かると思いますが，導入と展開後段はセットだと考えると分かりやすいです。

　導入で聞いた，経験や価値観を展開前段に教材というフィルターを通してじっくりと考える。展開後段では，もう一度導入で聞いたことを問い直して，どのように考え方が変わったのかを確認するイメージです。

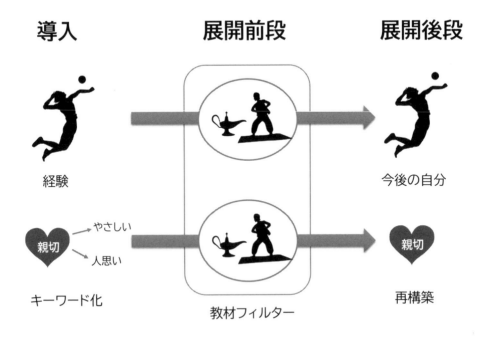

どのように変容したのか

　小説などの物語を読んでいたら，物語に伏線が張り巡らされており，終わりの方で回収されてスッキリする。こういうことがありますよね。授業も同様だと思っています。導入で，経験や内容項目に対してどのように考えているかを聞いたら，展開後段では，どのように変容したかを聞いてみたいです。

　では，展開前段の「教材を通して考える」にはどのような意味があるのでしょうか。教材には，子どもたちが本音を言いやすくするためのフィルターとしての働きがあります。「ずるをしない方がいいですか？」と直接的に問うと，「やめておいた方がよい」と大部分の子どもが言うことでしょう。ところが，「登場人物はずるをするかどうか，なぜ迷ったのかな」と問うと，「見栄を張りたかったのかな」「ずるをすると自分のためにならないって考えたと思う」などと，多様な考えが出てきます。これは，教材というフィルターを通して，自分の考えを話しているのですね。

1時間の学習で得たものは

　さて，具体的にはどのように問うかというところですが，導入で「努力した経験はありますか」と発問した場合は，「努力するために大切なことは何ですか」と問えば伏線回収できそうです。子どもたちは，きっと自分の経験の中で，今後は何を大切にするべきかを考え始めることでしょう。

　導入で「親切と聞いてイメージすることは」と発問した場合は，「教材を通して考えてみると，親切にどんなイメージをもちましたか」と問えばよさそうです。最初は「親切＝優しい」と考えた子が，教材を通して考えた時に，「親切＝相手の立場に立った上で優しくすること」などと，考えが変わっていたらその授業で学んだということが分かりますね。

　授業の最後に伏線を回収する意識をもっていたら授業作りしやすいですよ。

02 教材と経験を行き来する

　授業において，教材で考える部分を展開前段，自分の生活経験から考える部分を展開後段と分けて考えることがあります。

　教材での話し合いが盛り上がり，いい感じだなと思って授業を進めている。さて，次は子どもたちの生活経験から話し合いを進めて，道徳的な価値観について考えを深めていこうと思った矢先……盛り上がらずに静まり返る。こういった経験はありませんか。

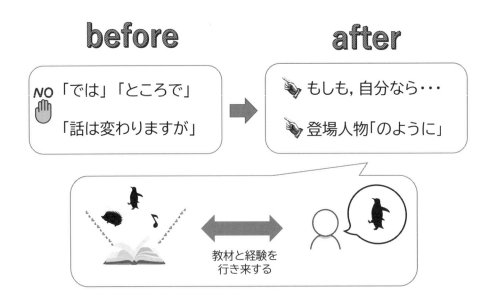

連続性を意識する

　展開前段が終わり，展開後段に入るという時に，使わない方がよい言葉があります。「では」「ところで」「話は変わりますが」などの言葉です。これらは，話題を転換する時に使う言葉です。私は，「ところで」という言葉をよく使っていました。展開前段で教材を通して考えを深め終わった後に，「ところで，○○した経験ありますか」このように聞いていたんです。すると，せっかく教材を通して真剣に考えてきたのに，その話し合いの中身が置き去りになってしまいます。「ところで」と前置きがあるので，子どもたちは，教材のことをいったん横に置いて自分の経験を思い返し始めます。

　これらの言葉を登場人物「のように」という言葉に変えるだけで，ぶつ切り感がなくなります。「のように」は連続性をもたせる言葉だからです。「登場人物『のように』○○した経験はありませんか」このように問うと，教材を通して学習したことが置き去りにされません。「私も，登場人物のように正直に言うかどうか迷った経験があります」こんな答えが返ってきます。

　もう1つのおすすめの言葉は「もしも，自分なら」という言葉です。例えば，登場人物が葛藤している場面で「もしも，自分が登場人物と同じ立場ならどうしますか？」このように問います。これは，自我関与の問いですね。

　この「もしも，自分なら」という言葉は使う時に注意が必要です。「もしも，自分なら」は使いすぎるのはよくないです。なぜなら，子どもたちは，教材の世界観に入り込んでいる際には，考える時に，登場人物に自分を投影して考えているからです。「もしも，自分なら」と問わなくても，本来は自分事として考えているんです。ところが，教材を通して考えている時に明らかに他人事のように考えている場面があります。建前で喋っているような場合です。「登場人物は，忙しくても毎日，お手伝いしたらいいと思います」このような意見が出たら「もしも，自分ならどうかな」と問うと，子どもたちは，自分の経験と照らし合わせて考え始めることでしょう。

03 お話と生活経験の はざまで……

　低学年で道徳の授業をしていたら，起こりがちなのが，教材の世界観から離れられないということです。振り返りを読んでみると，「話の中のペンギンさんは○○なので頑張り屋さんだと思いました」のように，登場人物のことだけ書いてあるものがあります。

　それでも，中身について考えられていたらいいのかもしれませんが，一歩踏み込んで，自分の生活経験を照らし合わせて考えてほしい時には……。

自分と登場人物の対話

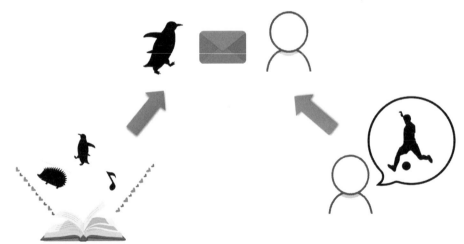

教材の世界観　　　　　　　　　自分の生活経験

教材の世界観から抜け出せないなら……

　自我関与という観点から考えた時には，「登場人物は頑張り屋さんだと思いました」という感じで，振り返りが終わっていたら，学習としては少々浅いと言わざるを得ないです。自分の生活経験を振り返らず，登場人物についてのみ考えているからです。

　これは，低学年でよく起こる現象です。自分事として考える力がまだ身についてないからというのが理由でしょうか。あるいは，低学年の教材では動物が登場人物として出てくるものがあり，自分に置き換えにくいのかもしれません。

　そこで，展開後段では，前頁で紹介した「のように」を入れた発問をするわけですが，それでも抜け出せない子がいることがあります。

　教材の世界観から抜け出せない場合は，それを逆に利用してみてはいかがでしょうか。題して「登場人物にお手紙を書いてみよう作戦」です。「自分の経験から，登場人物にアドバイスの手紙を書いてみよう」このように学習を展開させていきます。「僕は，習い事のサッカーの時に，コーチに叱られて辛かったけど，あきらめずに練習を続けていたら上手になったので，ペンギンさんもあきらめずに頑張ってね」このような感じで子どもは手紙を書きます。さて，この手紙をじっくりと読み返してみてください。お分かりでしょうか。手紙のほとんどの部分が，自分の生活経験の話になっていますよね。手紙を書くという行為は教材の世界観にまだ浸っているのですが，子どもたちは，自分の生活経験に戻ってきて考えているのです。

　1年生の場合で，書く活動を入れにくい時は電話をかけてみるという方法もあります。役割演技と組み合わせるとなおさら面白いですね。子どもは，そのまま「自分」として，自身の経験からアドバイスを送る。教師は，登場人物になりきって受け答えするとしたら，教材の世界観と自分の生活経験がスムーズにつながっていきそうです。

01 余韻を残して終わる

　他教科では，学習の最後の方に「まとめ」をすることがありますよね。「まとめ」があった方が，子どもたちにとって分かりやすくなるからです。ですが，道徳の授業では基本的に「まとめ」は不要です。もし，こちらの価値観にもとづいて「まとめ」をした場合は，価値観の押し付けになってしまうからです。「まとめ」という形ではなく，子どもたちの言葉から引き出すことを意識することが余韻を残すための第一歩になります。

余韻を残すには……

　学習が終わりに近づいた時に「みなさん，よく考えましたね。だから，いじめはダメですよね」このように言ってしまうと，教師が答えを言っているようなものです。すると，子どもたちはどう考えるのか。「なーんだ。自分たちが一生懸命に考えなくても，先生が答えを言ってくれるんだ」どんどん，こういう思考になっていきます。すると，考えが浅くなっていきます。もっと言うと，教師の望むであろう答えを探って発言するようになっていきます。

　そこで大切なのは，「子どもの言葉」から引き出すことです。「今日の学習では，いじめについて考えましたね。何が大切だと思いましたか」このように問うと，子どもたちはそれぞれに大切だと思うことを言うでしょう。それでいいのです。そこで，無理にどれか1つの言葉にまとめようということはしなくてもいいです。子どもたちから出てきたありのままの言葉を板書に残していくことを心がけると，どんどん子どもたちの素直な考えが出てきます。

いろいろな型がある

　終末では，いろいろな型があります。「教師の説話をする」「関連する詩を読む」「歌を聴く・歌う」「映像を流す」

　「説話をする」に関しては，次の頁で詳しく解説します。その他の詩や歌，映像は教師の言葉ではないので，教材で学習した内容にふさわしいものを探してくる必要があります。

　実は，説話以外の方法はあまり好きではなかったのですが，隠された利点に気が付きました。それは，その詩，歌，映像を見たり，聞いたりしたら関連して道徳で学習したことを思い出すという効果です。以前，終末でCMを流したことがあります。すると，数日経って「CMを見て道徳のことを思い出したよ！」といううれしい言葉が！　いろいろ試してみる価値ありです。

02 それでもやっぱり 説話をしたい

　終末の教師による説話。たくさん語りたくなりませんか。説話は授業という土台の上にある添え物ということを意識しなければなりません。

　カレーライスを思い浮かべてください。ルーの中に入っている，じゃがいもやにんじんやお肉は，その1時間の授業を構成している，発問や板書や子どもたちの意見と言えそうです。では，説話は何に当てはまるかというと……，あくまでも，福神漬けのようなポジションです。

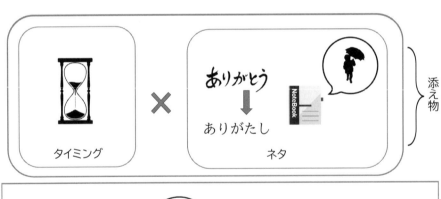

説話をする上で意識すること

　説話は添え物なので，短くコンパクトにすることは意識した方がいいです。長い説話をすると，その分，話し合いの時間が削られますからね。

　もう１つ意識した方がよいのが，タイミングです。細かい話になりますが，タイミング１つで子どもたちの意識がずいぶんと変わってきます。「教材や経験を通した学習」「説話」「振り返り」この順番では，よくないと思っています。この順番だと，「説話」で聞いたことを振り返りに書くということが起こります。なぜなら，教師の発言は影響力をもっているので，それがあたかも「正解」だと思ってしまうからです。しかし，本当に振り返りに書いてほしいことは，その１時間の授業で自分が考えたことなのです。ですので，順番としては「教材や経験を通した学習」「振り返り」「説話」の方がよいです。子どもたちが自分で考えた上で，説話をすることで，「そういう考えもあるんだ」くらいに受け止めてもらえるのがベストだと思っています。

説話にはネタ集めが大切

　さて，ネタ集めについてです。いろいろな名言集や，偉人の言葉を引用したり，言葉の意味の語源から話したりするのは面白いですね。

　例えば，ありがとうは「有り難し」という言葉からきていて，「めったにないこと」を表している。だから，その状況に感謝する方がいいということや，「親切」という言葉は「親」を「切る」ではなく，「親しく」「寄り添う」ことだよ（「切る」は諸説ありますが，刃物を直に当てるように身近であるという意味があります）。このような例えは，説得力があります。

　もう１つの方法が，子どもたちの普段の様子から，話をするというものです。「実は，この前の雨の日に１年生を助けている様子を見てね……」このように，実際に見た場面を道徳の教材と結びつけて話をします。

道徳を研究する意味

「道徳の授業って難しい」という声をたくさん聞いてきました。また，私自身も若手の頃は，道徳って難しいなって思っていました。

なぜ，難しいと感じるのでしょうか。それは，「決まりきった答えがない」からだと思っています。算数なら，「１＋１＝２」になることは決まっていますし，理科なら，「磁石のＮ極とＮ極を近づけたら，反発する」ということは決まっていることですよね。授業では，その正解に向かっていけばいい。ところが，道徳は決まりきった答えがないのです。だから，難しい。どこに向かっていけばいいのか分からなくなる。どんな発言が出てきたらいいのかが分からない……。

でも，逆に考えてみてください。これといった正解が無い分，自由に発言させられるのです。あなたの思う友情に対する考え方と私が思う友情に対する考え方は違います。でも，それでいいのです。

道徳では，自分の価値観を人に伝えますよね。そこで，受け入れてくれる学級なら，道徳の授業はうまくいきます。私は道徳の授業を通して，人の考えを受け入れることの大切さを伝えていきたいです。「みんな違ってみんないい」ですね。お互いに「違う考えがあるんだな」ということを受け入れられる学級では，道徳以外でも，お互いに受け入れられる風土が育ってきます。だから，道徳を真剣にやっている学級は，安心感が生まれると考えています。

そして，実は，道徳は教材研究をしやすいという利点もあります。基本的には，授業は１時間で完結しますからね。その１時間の真剣勝負。どこまで教材研究できるかの勝負です。

さらに言うと，道徳の研究を通して，身についた指導法（板書や発問）は他の教科でも応用が利くものばかりです。

道徳を研究すると，よい事がたくさんあります。本書を手に取ってくださった方も，ぜひ道徳を研究してみませんか。

授業作りの
パワーアップには
型を見つけること

2章

01 言葉を短くまとめてみる

板書する字を短くするための工夫を以下に示しました。

①×を使うことによって短くしています。

②「増える」は上向き矢印をつけます。「減る」は下向き矢印をつけます。

③気持ちの大小などを表す時は，不等号の＞や＜を使います。

④括弧を使うことによってまとめます。

⑤矢印と×の合わせ技です。

13文字以内でまとめる

Before   After

①差別的な表現を使わない方がいい　➡　差別

②お互いの信頼度が増えるからです　➡　

③助けたい気持ちの方が大きくなった　➡　

④主人公はいい面と悪い面を考えたと思う　➡　

⑤悪い人だという思い込みがいけない　➡

言葉を短くまとめる意味

　人が一度に認識できる文字数は13文字前後と言われています。実は，ヤフーのトピックスも13文字以内で構成されています。それ以上の長さになると，読むのに時間がかかってしまい，読まれにくくなるそうです。

　板書する時も同様です。子どもが発言したままに板書をしてしまうと，後で読み返す時に，長くて読みにくくなります。子どもたちは振り返りをする時に，板書を見て，１時間で学習したことを思い返しながら書いていきます。そんな時に一目で理解できる板書だと，学習したことにしっかりと向き合って振り返ることができます。

　言葉を短くするのには，他にも利点があります。それは，教師側の時短にもなるということです。黒板に文字を書いている間は，子どもたちにとって空白の時間になります。子どもたちは教師が書き終えるまで待っているのです。この時間を短くすれば，次の発言へと素早くつなげていくことができます。

板書は縦書きか横書きか

　よくある悩みが「板書は縦書きにするべきか横書きにするべきか」というものです。結論から言うと，実はどちらでも大丈夫です。教材や指導者の好みに合わせて使い分けたらいいです。何だったら，縦書きと横書きが混在していても大丈夫です。それくらいに道徳は自由度の高い教科なのです。

　ただし，私は「横書き」をおすすめしています。なぜなら，キーワードをつなぐ時に相性がいいからです。例えば，③の＞等の記号は縦書きでは使うことができないですよね。他にも②のように矢印を組み合わせる時もやはり横書きの方が組み合わせやすいです。このあたりは実際に試してみないと実感がわかないと思いますので，ぜひ横書き板書にチャレンジしてみてください。きっと板書の新しい世界に出会えますよ。

02 板書で図解してみる

①＋の心情と－の心情が混ざっている時に使います。

②キーワードをどんどん矢印でつないでいきます。

③コップの水は「心情」です。図は悪い方の例を示しました。

④気持ちが強くなっていく時にはハートが使いやすいです。

⑤人とその周りに円を組み合わせて，主張がぶつかる様子を示しました。

⑥人と矢印の組み合わせです。矢印の向き次第でいろいろ表現できます。

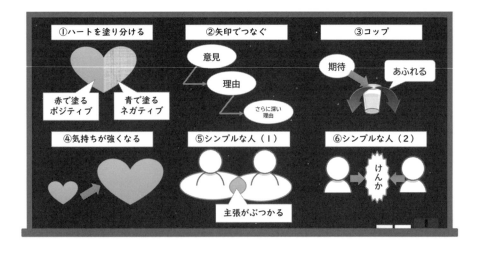

図解の効果

　本書のテーマの1つになっている図解の効果についてです。「言葉を短く
まとめてみる」（p.70）でも述べたのですが、「分かりやすくなる」「時短に
つながる」という効果があります。他にも「思考が深まる」という効果を期
待できます。②を見てください。意見→理由→さらに深い理由とつないでい
っているので思考が深まっていく様子が一目で分かるようになります。矢印
を使うと、どのような流れで思考したのかが、分かりやすくなります。

　①を使う時に、「この場面の登場人物の赤（＋）の気持ちと青（－）の気
持ちの割合はどのくらいかな」と発問すると、子どもたちは「赤の方が多いよ。
だって……」「いや、ここは青だよ。理由は……」と自然と議論が始まります。

　このように割合を表すものを使うと、思考が深まります。低学年では、ハ
ートで割合を示せばいいですが、学年が上になってくると、数直線などで示
しても面白いです。「何％賛成ですか」のように発問することができます。

図解のポイント

　黒板で図解する時のポイントはとにかく早く書けるようにすることです。
凝った絵を描いていては時間がかかってしまいます。凝った絵を描くくらい
なら挿絵を用意しておいた方がよいでしょう。

　「矢印・ハート・人」は使い勝手がいいです。絵心が無くてもすぐに描く
ことができるので、ぜひチャレンジしてみてください。

　教師が図解に慣れてきたら、子どもたちにも「プリントに自分の考えを図
で描いてもいいよ」と伝えます。子どもは吸収が早いので、すぐに慣れて自
分の考えを図で描くことができるようになります。図で描くのが得意な子に
は「黒板にあなたの図を描いてみる？」と聞いて、黒板に描かせてあげるの
も面白いですよ。きっと素敵な図を生み出して紹介してくれるはずです。

03 心情曲線型

　よく指導書の板書計画として掲載されているのが，Before の形のものです。これは，物語を時系列で追いかけて，その時の主人公の考えや心情を追うという展開が多いです。

　しかし，そこから一歩踏み出したい。何か工夫はできないものか。そう考える人はたくさんいるはずです。そこで……心情曲線型の登場です！

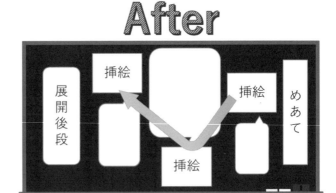

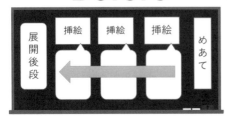

心情曲線型とは

After の形が心情曲線型です。挿絵の貼る位置を工夫しました。

登場人物の心情がプラスの時には，挿絵を黒板の上の方に貼り，登場人物の心情がマイナスの時には，下に貼ります。心情曲線型を使うと，登場人物の心情の移り変わりが視覚的に分かりやすくなります。

After の図では，最初の場面では登場人物は少しプラスの状態。次の場面では，道徳的にマイナスとなる行為をしてしまい，心情がマイナスにある状態。最後の場面では，マイナスの行為をしてしまったことに気が付いた登場人物がプラスの行為をして，最後には晴れ晴れとする。そんなストーリーが一目で分かるようになります。

クラスの子どもたちが慣れてきたら，発問と組み合わせて板書を作ることができます。「この挿絵は上の方に貼る方がいいのかな？　下の方に貼るのがいいのかな？」という感じで聞くといいでしょう。そうすると，子どもたちから「先生！　もっと上に貼る方がいいよ！」という声が聞こえてきます。「え，どうして？」と問い返せば「だって……」と授業が深まっていきます。

使用上のポイント

心情曲線型は指導書に載っている板書計画から少し変えるだけなので，すぐに取りかかることができ，板書が苦手な方にもおすすめです。

ただし，気を付けてほしいところは，「心情を追うだけで終わってはいけない」というところです。心情を問う発問を続けていたら，いつまでも教材から離れることができなくなるので，発問を工夫します。例えば「登場人物が後悔したのは，なぜだろう」などと登場人物が行動をした根拠を問うとよいです。そして，「登場人物のように後悔したことはあるかな」と問うて，だんだんと自分事として考えられるようにしていくのも意識するとよいです。

04 葛藤型

　葛藤場面を板書の中心にもっていき，上下に分けて対比します。主人公の＋の（ポジティブな）感情は黒板の上側半分に板書していき，−の（ネガティブな）感情は下側に板書していきます。

　そして，黒板の左側には，「どうやって葛藤を乗り越えたのか」「葛藤を乗り越えると，どんなよいことがあるのか」などを板書していくとよいでしょう。上下に対比することにより，板書の見やすさが格段に上がりますよ。

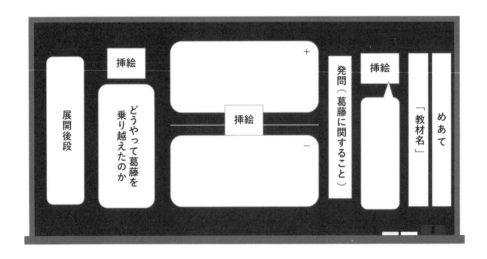

葛藤型とは

　道徳で扱う教材には,「葛藤」が出てくるものがたくさんあります。特にＡの内容項目とＢの内容項目では葛藤がたくさん出てきます。そこで,主人公の葛藤を分かりやすく上下で分けて,板書を構造化させたものが「葛藤型」です。

　中心発問で,「主人公にはどんな心の迷いがあったのだろう」としておき,その葛藤部分を話し合わせていきます。実は「葛藤型」は役割演技とも相性が抜群です(詳しくは役割演技の型の頁を参照してください)。

　また,主人公の葛藤の中身を考えさせて,ワークシート等に書かせる際には,あらかじめ枠を2つに分けておくというのも1つの手です。こうすることによって,ポジティブ側からとネガティブ側からの2つの視点で考えることができるようになります。

　＋と－という言い方だと分かりにくいかもしれないので,その場合は「頭の中にエンジェルとデビルを描いてみよう。その2人が言い合いをしている。その2人の言い分を考えてみよう」と伝えると分かりやすくなりますよ。

使用上のポイント

　葛藤場面の話し合いから,めあてに迫るためには,主人公が「なぜ葛藤を乗り越えて,自分に打ち克(か)つことができたのか」あるいは,「なぜ乗り越えることができなかったのか」の話し合いをするとよいです。

　その時に,「もし,自分だったら乗り越えられるのか」を考えさせると,より授業が深まります。「自分だったら乗り越えられないかもしれない」という意見が出ても,否定されることではありません。それは,子どもの素直な意見なので,教師も共感しつつ,一緒に「どうやったら乗り越えられるのか」を考えていけたらいいですね。

05 比較型

　比較したい場面をいくつか並べて板書をします。選んだ理由のところは，黒板のスペースを考えると横書きの方が書きやすいです。よくある質問として，「板書で縦書きと横書きが混じってもいいですか」と聞かれますが，大丈夫です。子どもたちにとって，一番分かりやすいものを目指すといいです。

　比較して考えたことや自分の経験と比べて感じたことなどを展開後段のところに板書すると授業が深まっていきますよ。

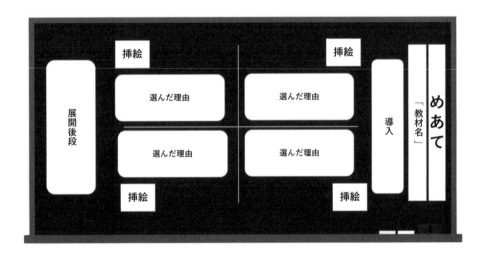

比較型とは

　教材を読んで，時系列に沿って物語を確認しながら発問して授業を進めていく……。そのスタイルから脱却したいと思いませんか。比較型では，時系列に沿って物語を追うことはしません。教材を読み終えたら，「こんな場面がありましたね」と挿絵を全部貼っていき，考えさせたい発問を投げかけます。子どもたちの思考はいきなりトップギアになります。

　では，どのような教材と相性がよいかということなのですが，D「畏敬の念」などと相性がよいです。なぜなら，物語全体を通して「美しい心」というテーマが一貫していることが多いからです。めあてで「美しい心とは何かを考えよう」としておき，どの場面が自分にとって一番「美しい心」と感じたのかについて考えさせます。そして，その場面を選んだ理由をワークシートなどにじっくりと書かせていきましょう。書かせ終わったら，いよいよ発表です。全員が場面を選んでいるので，話し合いをさせやすいですよ。

使用上のポイント

　道徳には，「正解」はありません。そのため，児童がどの場面を選んでもよいのです。通常，物語というものは，後半の方が盛り上がる構成になっていることが多いと思いますが，前半の場面で「ここがいい」と自分なりに理由を見つけて考えを話せていたら，それは素敵なことです。

　おすすめは，「ネームプレート」と組み合わせることです。教材を読んだ後に，「一番心に残った場面はどこですか」と発問してその場面にネームプレートを貼らせます。すると，どの子がどの場面を選んだのか一目瞭然なので，教師もその後の展開をやりやすくなります。授業後半にもう一度「友達の意見も踏まえて考えると美しい心はどこですか」と発問をすると，考えの変容が見られて面白いです。

06 イメージマップ型

　めあては，黒板のどこに書いていますか。おそらく縦書きなら右端，横書きなら左上に書くことが多いのではないでしょうか。イメージマップ型では，思い切って黒板の中心にめあてを配置すると面白いです。

　ちなみにめあては「○○について考えよう」というめあてであっても，黒板では「○○」とだけ短くして書くといいです。子どもたちから出た意見をどんどんキーワード化して，つなげていきましょう。

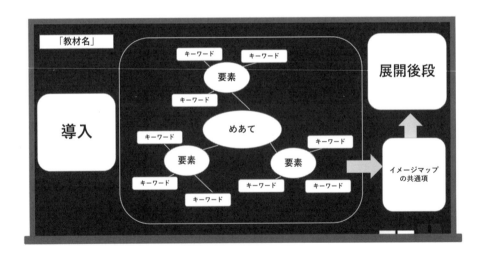

イメージマップ型とは

　子どもたちの考えをどんどん広げていきたい。そんな時に使えるのがイメージマップ型です。イメージマップ型は，物語全体を通して貫くテーマに対しての考えを広げていくのにぴったりです。

　例えば，「強い心をもつには」というめあてにしたとします。黒板の中心に「強い心」と板書して，その後「お話の中で，強い心だと感じたところはどこですか」と発問します。そうして出てきたところを「要素」として板書します。「１の場面では粘り強さを感じたのでそこが強い心だと思いました」きっとこんな感じで意見が出てきます。

　次に，その要素から「なぜ，そこに強さを感じたのですか」として，周りにキーワードで言葉を付け足していきます。先ほどの「ねばり強さ」に対してだったら，「何回も挑戦していてよかった」「簡単にあきらめないのがよいと思う」など意見が出てくるので，「挑戦→よい」「あきらめない」など短くして板書をします。この時に「そんな経験はありますか」と発問をして自分事として考えられるとなおよいです。

使用上のポイント

　イメージマップは，意見が出るほどに，どんどん外へ外へと板書が広がっていくので，意見を言う側も楽しくなってどんどん意見を言うという，いい循環が起こります。ただし，意見を言ってそれを羅列していくだけでは，広がりはあっても深まりが見られなくなります。ですので，ある程度板書が進んできたら「この中で似ている言葉はあるかな」と発問をして，似ているキーワードとキーワードを線で結ぶなどしたらよいでしょう。

　イメージマップが終わったら，全体を眺めて見つかった共通項や気付いたことについて発問をして板書していくと深まりのある授業になります。

07 対比型

　最初の場面と最後の場面で対比します。その際に，登場人物が変容するきっかけとなった場面も間に挟んでおくと，なぜ変容したのかを考えることができます。

　黒板の右側のスペースには，対比してみて気が付いたことや考えたことを板書として残していくと深まりのある板書となります。その際に，自分事に近づける発問を入れることを意識してみてください。

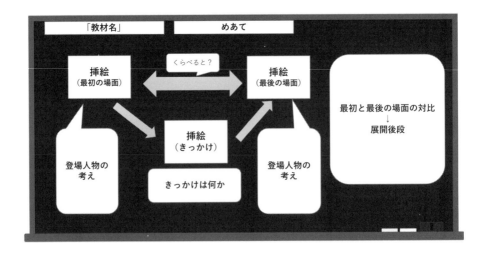

対比型とは

　教材の最初の場面と最後の場面では，登場人物に変容が見られることが多いです。その変容について対比して考えを深めていくのが対比型です。また，複数の登場人物が出てくる場合には，その登場人物同士の行動や心情を対比させて考えさせることもできます。

　内容項目がＡの視点の場合，発問の手順としては，最初の場面→最後の場面→そのように変容したきっかけの場面と進んでいくとよいでしょう。なぜ変容したのかを考えることでめあてに迫っていきます。

　内容項目がＢの視点の場合は，登場人物①と登場人物②の行動を対比することになります。「どちらの行動の方がよいと思ったか」と発問をすると，登場人物を比べながら考えることができます。

　１つの場面や１人の登場人物だけを切り取って考えると分からないことも，２つを対比させることによって道徳的な価値や行為について明確になっていきます。話を通して，登場人物の心情が－から＋に転じる話だけでなく，＋から＋の度合いが大きくなるような話でも対比すると面白いですよ。

使用上のポイント

　授業時間は小学校で45分間，中学校で50分間しかないので，話し合いでどこを深めるべきなのかはしっかりと考えておく必要があります。登場人物が変容するきっかけとなった部分に重きを置くのか。それとも，２つの場面を対比して考えを深めていくことに重きを置くのか。いろいろなパターンが考えられると思います。

　めあてに迫るためには，登場人物の考えそのものを広げていくよりも，「きっかけとなったのは何だったのか」や「比べてみて変わったところはどこか」を考えた方がめあてに迫ることができるはずです。

08 過去未来型

　ダイナミックに黒板全体を使って板書を進めていきます。板書全体でストーリー感を出していくとよいでしょう。

　黒板の左下の方には過去や現在の自分，右上の方には未来の自分を板書していきます。この板書では，横書きを使用しています。「右肩上がり」という言葉があるように右上に上がっていく方が自然に見えるからです。横書きにすることによって，板書が左下から右上に向かって進んでいきます。

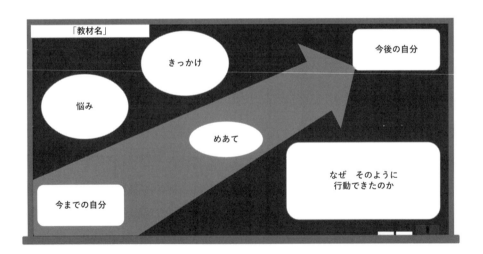

過去未来型とは

　道徳の教材の中には，出来事を切り取ってお話として紹介されているものが多いですが，中にはその人物の人生について考えるものがあります。いわゆる伝記のことですね。

　伝記では，偉人のことが紹介されていますので，最終的には偉業を達成するというストーリーになっています。伝記は構成として，悩み苦しんでいる自分→何かきっかけがあって人生が上向きになってくる→偉業を達成するという流れになっています。

　過去未来型では，部分を切り取って発問するよりも「人生を通してなぜそのように行動できたのか」「きっかけは何だったのか」「この人生全体をどう思うのか」などと発問して，人生というストーリー全体で考えさせていくと深まりのある授業になっていくと思います。人生というストーリーに合わせて板書も壮大なストーリーを描いていきたいものです。

使用上のポイント

　子どもたちにとって，歴史上の偉人を扱う教材は，自分との距離感があります。そこで，距離感を縮めるために，教材に入る前に「今の自分」を見つめる導入をするとよいでしょう。

　例えば，「個性の伸長」であれば，今の自分の短所や長所はどこかを聞いておきます。そして，教材で登場する偉人の短所や長所が出てきた時に照らし合わせていきます。最終的には，偉人は偉業を達成するわけですが，子どもたちには，短所や長所を見つめ直してどうなっていきたいのかを聞いてみてもいいですね。

　板書の今までの自分（過去）と今後の自分（未来）には，登場人物だけではなく，子どもたち自身のことについても整理して書けたら言うことなしです。

パワーアップ1：板書
....

09 吸い上げ型

　導入では，めあてに対する今の自分の考えを問い，左上に板書します。教材の中で考えるベースとなる場面①で考えたこと，場面②で考えたことを黒板の下側に板書していきます。その後，２つの場面から吸い上げて，登場人物が達成したことを黒板の上部に板書します。

　展開後段では，「達成するとどんなよいことがあるのか」「達成するために大切なことは何か」などを考えて，黒板の右側に板書するとよいです。

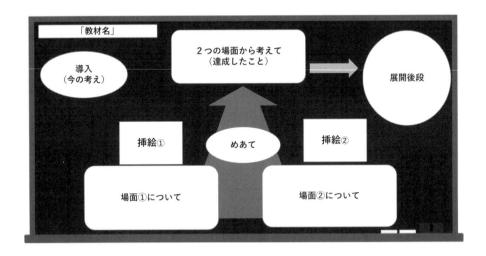

吸い上げ型とは

　教材の中で，登場人物が最終的に道徳的に価値のある何かを達成した時に使える型が吸い上げ型です。

　教材を通して扱われているテーマに着目します。例えば，「努力と強い意志」なら，①の場面にはどんな努力が入っていて，②にはどんな努力が入っているのかを考えさせます。

　達成したことを板書してからが話し合いで深まるところです。教材の中で何かを達成するために大切なことを話し合った上で「自分なら何を大切にするか」「どうやって達成するのか」を展開後段で考えさせていきたいです。

　道徳では，その１時間を通して子どもの考えに変容が見られるとよいので，導入と展開後段を板書しておき，見比べて考えていたことがどのように変わったのかを子どもたちと一緒に確認するとよいでしょう。その１時間の学習を通して，新しい発見があった場合はこちらもうれしくなってきますね。

使用上のポイント

　場面①と場面②では，似ている言葉が見つかってくるはずです。子どもたちに「似ているところはどこかな」と発問してもいいと思います。似ている言葉が見つかってきたら，その言葉を丸で囲み，線を引いてつなげていきます。

　さらに，展開後段で自分事として考えた時にも，場面①や場面②と似ている言葉が出てくると思います。その際にも，上と同様に丸で囲んで線でつなげていきます。線で結ぶことによって，教材と自分の考えや生活経験などが結びついていることが視覚的にも分かりやすくなります。

　吸い上げ型だけに関しての注意ではないですが，道徳では教材の理解だけで授業を終わるのではなく，いかに自分事として考えられるかがポイントになってきます。自分事も板書として残せると，よりよい板書になりますよ。

10 壁乗り越え型

　中心にドーンと壁を描きます。その壁の中には，何が壁となっているかを発問してその要素を書いていきます。例えば国際親善がテーマの場合，壁の中に書くのは「文化」「言葉」「マナー」などになってきます。

　そして，A側の考えとB側の考えを板書した後，壁の上側には，壁を乗り越えるために必要なことを板書します。最後には，教材を少し離れて自分事として考えたことを右上に板書すると授業に深まりが生まれます。

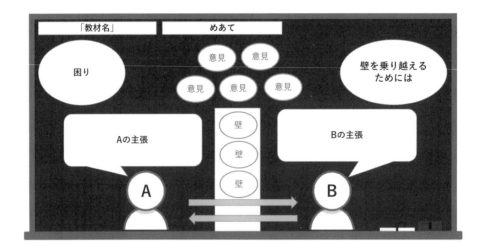

壁乗り越え型とは

　2人の登場人物や，国と国などの間にある壁を想定して，どうやってその壁を乗り越えるのかを考えさせるのが壁乗り越え型です。

　壁は物理的な壁ではなく，心理的な壁なわけですが，その壁にはどんな要素が入っているのかを確認するところから始まります。

　左頁で例として出した「国際親善」のテーマだったら「外国で仕事をして暮らすとしたらどんなことに困りますか」と問います。すると，「言葉が通じるか心配」「食事が合うか……」「向こうのルールを知らない」などと意見が出てきます。それを困りとして板書しておき，壁のところにも短くキーワードにして板書をしていきます。

　そして，「その国を訪れた側と迎え入れる側では，どんなことに気を付ければいいのか」「お互いの立場から考えて，壁を乗り越えるための共通点は何か」などを考えさせていき，めあてに迫っていきます。

使用上のポイント

　通常，道徳の教材では，1人の登場人物の心情を追って，どのように変化していったのかを考えることが多いですが，今回は少し異なります。

　2つの立場，それぞれから考えることで多角的に考えさせることを意識しています。子どもたちは教材の中で，どちらかの立場に寄り添って考えていることが多いはずですが，2つの立場を示すことによって，相手の立場に立って考えることができるようになります。

　2つの立場の共通点や異なる点を話し合った後は，壁を乗り越えるためには，何が大切なのかを改めて考えさせることが大切になってきます。

　この型では2つの立場から考えさせることを意識しましたが，話によっては第3者の立場ではどうなのかということを問うことも有効になってきます。

01 問い返し発問を知る

　発問したことに対して，子どもが意見を言う。その意見に対して問い返すことを「問い返し発問」と言います。

　問い返し発問は3つの型があります。子どもの意見を聞いて，話し合いを「進める」型。子どもたちから出た意見を「広げる」型。そして，出た意見を掘り下げて「深める」型です。

　3つの型を意識して使い分けると，話し合いに面白さが出てきますよ。

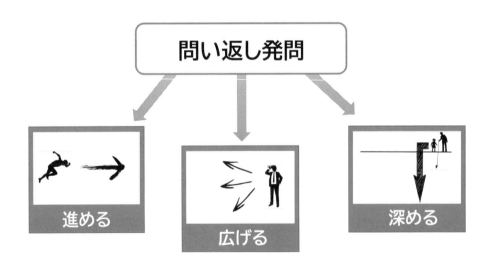

問い返す意味

　子どもたちに問いかけをする。すると，子どもたちは答えるわけですが，答える中身が浅い時があります。浅いところから，話し合いを発展させたい時に使える発問が，この問い返し発問です。問い返し発問をすると，話し合いを「進める」「広げる」「深める」ことができます。

　極端な例になりますが，「友情についてどう思いますか？」と問いかけた時に，「友情は大切だと思います」のような浅い答えが返ってきます。それをそのまま「そうだね」と言って，板書すると，そこで対話は終わってしまいますよね。極端な例として紹介しましたが，実はそのようなことはたくさん起こっています。（もったいない！）

　やってしまいがちなのが，教師と子どもの1対1で，やりとりを進めてしまうという卓球のような問い返しです。問い返す時は，1人の発言を全体に問い返すというバレーボールのような意識をもってやっていくとよいです。

問い返し発問を習得するために

　問い返し発問のよさが分かると実際に習得する段階となるわけですが，方法は2つあります。

　1つ目は，「とにかく問い返す」ということです。中心発問の場面で，どんな発言が出てきても「問い返し発問を入れておこう」と決めておくわけです。そうして，練習するとコツがつかめてきます。最初は時間切れになることが多いと思いますが，慣れてくると，どの発言に問い返すかが分かってきます。2つ目はイメージトレーニングをすることです。発問をして子どもからAと返ってきたら，「進める型」でいこう。Bときたら「深める型」でいこうと事前に想定しておくのです。イメージトレーニングはノートを使ってやった方がよいので，その方法については4章をご覧ください。

02 話し合いを進める型

　子どもたちは自分の頭の中に，自分なりの考えをもっていることが多いです。しかし，いざ発表という段階になると，どのように表現してよいか分からずに，言葉が短くなり，浅い表現になってしまうことがあります。

　そんな時は「進める型」です。図のように，子どもの意見に対してこちらから，子どもの思考を引き出す言葉かけをしていきます。子どもたちから，どんどん考えを引き出していく感覚は面白いですよ。

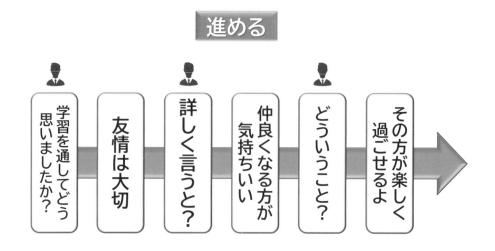

進める

学習を通してどう思いましたか？ → 友情は大切 → 詳しく言うと？ → 仲良くなる方が気持ちいい → どういうこと？ → その方が楽しく過ごせるよ

話し合いを進める型

　「話し合いを進める型」では，もとから子どもの頭の中にある考えを引き出すことを意識しながら発問していきます。この型の発問のタイプは主に2つあります。

　1つ目のタイプは言葉足らずの時に，もう少し語らせるというものです。これは左頁の図に挙げている通りなのですが，子どもの説明は言葉が足りていない時が多々あります。その子の頭の中ではイメージできているのでしょうが，聞いている人にはその真意は伝わってこないです。そこで，「詳しく言うと？」と問い返していき，その子の考えを引き出したいですね。

　もう1つのタイプは，先ほどとは逆で，長々と語る子の意見を短く要約させるというものです。問い返す時は「キーワードは何かな？」と問い返します。あるいは「黒板にはどの言葉を残したい？」と問うのも有効です。そして出てきた言葉はより洗練されたものであることが多いです。

使用上のポイント

　問い返し発問をする時に気を付けたいポイントがあります。それは，問い返す前に教師が共感するということです。左頁の図の「詳しく言うと？」や「どういうこと？」はそれだけで言うと冷たく聞こえる時があります。「なるほど！　友情が大切だと思ったんだね。詳しく言うとどうなるかな？」と，その子の考えを尊重した上で，続きを聞きたいなという感じで問い返すとよいでしょう。

　この「進める型」の問い返しを繰り返しているうちに，子どもたちは問い返されることに慣れてきます。そうなると，こちらが問い返さなくても「理由を話そう」とか，「もう少し詳しく言おう」となり，発表のレベルが上がってきます。道徳以外でも使える発問なので，どんどん使ってほしいです。

03 話し合いを広げる型

　教師が問い返すことによって，子どもたちの思考の幅を広げていきます。この時，図のように思考が広がっていくわけですが，バラバラに広がるのではなく，ある程度その時間に学習する内容に沿って広げていくことを意識します。

　考えを広げていくことは大切なのですが，矢印の方向からあまりにも離れていった時は，軌道修正することも時には必要ですよ。

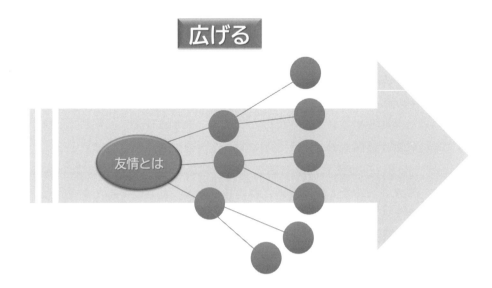

話し合いを広げる型とは

「話し合いを広げる型」とは，もともと，子どもの頭の中になかった考え
を引き出す発問のことを言います。子どもたちに新しい視点を与えたり，視
点をずらしたりするための発問とも言うことができます。

新しい視点を与えるための発問としては，子どもたちが「1の場面が親切
だと思います」「2の場面の方が親切なのでは？」という話し合いをしてい
る時に，第3の視点を教師が提示するというものです。「3の場面はどうか
な？　この場面には少しも親切はないのかな？」といった具合です。

視点をずらすための発問としては，子どもたちがよいと思って発言してい
ることを極端に大きくして問い返すというものです。

例えば，「本当の親切とは何ですか」と発問した時に「優しくすることで
す」と答えることがあると思います。その時に「では，宿題の解き方が分か
らない友達に1から全部答えを教えてあげるのも優しさですよね」と問い返
します。すると，「ちょっと待てよ……それは違うかな」と思考のスイッチ
が入ってきます。このようにして，新しい視点を入れたり，視点をずらした
りすることで思考の幅を広げていきます。

使用上のポイント

広げるといっても，むやみやたらに広げていくわけではありません。教師
が，その1時間で学習する内容項目やねらい，めあてをしっかりと意識した
上で広げていくことが重要となってきます。

ねらいからかけ離れた意見が出た場合は，その意見を受け入れつつも軌道
修正が必要となってきます。どのように修正するのかは，教材研究と密接に
関わってきます。教材研究がなされていないと修正のしようもないからです。
教材研究をじっくりとして，計画的に問い返すことが大切となってきます。

04 話し合いを深める型

　教師が問い返し発問をすることによって，子どもたちの思考はぐっと深くなっていきます。なお，図のように，思考は深くなっていくわけですが，授業の最終の着地点は小さな点ではなく，少し幅のあるものだと思っています。

　この図では，道徳には絶対的な1つの「正解」はなく，話し合いによって導き出された「納得解」があるというイメージを表しています。

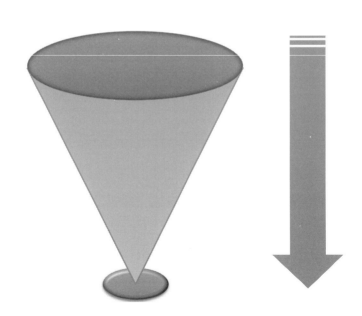

話し合いを深める型とは

　子どもたちが，もともともっている考えをさらに突き詰めて深めていくものが，「話し合いを深める型」です。深める型にも2つのタイプがあります。

　1つ目のタイプは肯定の理由を深めるというものです。例えば，「友情を感じた場面は1か2かどちらですか」と発問した時に，「1です」と簡潔に答えてきた際に，「なぜ1を選んだのですか」と問い返します。同じ場面を選んでいる子が複数いた場合でも同様です。「選んだ場面が同じでも，理由が違うかもしれないから，教えて」とどんどんその理由を問います。

　もう1つのタイプが，否定の理由を深めるというものです。「なぜ，2つ場面があるうちの2の場面を選ばなかったのかな。その理由を教えて」と問い返します。子どもは1の場面を選んでいるので，無意識のうちに2を選ばなかった理由があるはずなのですが，そこを言語化させることで新たな気付きを出そうという発問になります。

使用上のポイント

　「共感した場面と共感しなかった場面のそれぞれの理由」「道徳的行為をした場面と道徳的行為をしなかった場面のそれぞれの理由」これらは2項対立になっています。多くの場合は「共感した場面」「道徳的行為をした場面」などの理由を問い返していると思います。もちろん，それでも問題は無いわけですが，さらに奥深い思考にたどり着きたい時は，今回示したような「共感しなかった場面」「道徳的行為をしなかった場面」に着目して問い返していくと面白いです。

　選んだ場面が同じでも，選んだ理由は人それぞれなので，多くの子から理由を引き出して，クラス全体で思考を深めることを意識したいですね。

01 国語と道徳の違いを知る

　国語と道徳の違いや共通点を示しました。どちらも「教科書に載っている話を読んで学習する」という点では同じです。ですので，「国語と道徳は，どこが違うのですか？」という質問はたくさん耳に入ってきます。

　実は，学習する基本的な流れは国語と道徳で似ています。しかし，教材を読む時に気を付けるポイントなどは違いがあります。この違いや共通点を意識して授業をするとパワーアップします。

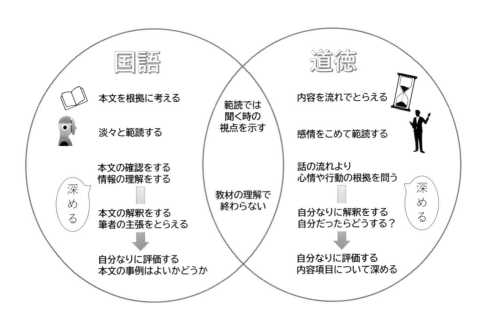

意識することは……

国語も道徳もおおまかな学習の流れは似ています。まず，話の中身を確認する。次に話の中の，登場人物の考えていることや行動について考察する。そして，自分なりに文章（道徳なら内容項目）に対して評価（考察）する。このような流れがあります。

国語は文章を学習する教科なので，子どもが発言をすると「何頁の何行目に書いてありましたか」などと，文章に立ち返り根拠を探すということが大切になってきます。

一方，道徳の場合は文章を学習する教科ではないので，「なぜそのように考えましたか」「これまでにそんな経験をしたことはあるの」と問いかけ，その子のもつ価値観や経験を発言の根拠とします。

どちらの教科も大切なのは，教材の理解に終わらないということです。道徳では，教材を通して自分の内面と向き合うことが大切になってきます。

道徳の範読のポイント

道徳の授業では，たったの1回の範読で，子どもたちに話を理解させるところまでもっていかなければいけません。もし，話が分からない子がいたら……その子は話し合いの土俵にすら上がってくることができません。

そのために，範読の際には，感情をこめて話を読むことを心がけます。それが，話を理解する上で大切な「支援」となります。

教材を読みながら難しい単語が出てきたら，その場で解説した方がよいでしょう。例えば，「日照りが続く日でした」という文があった時に意味が分からなければ，その後に「貴重な飲み水を分けました」という文章に出会っても，水のありがたさが分からないのです。「日照りってね。カラカラに乾いた状態なんだよ」と解説して，内容理解でつまずかないようにしたいです。

02 教材提示の型

①黒板を画面と見立てて，ペープサートを動かしてお話を紹介します。

②挿絵を有効活用すると，話を理解しやすくなります。

③教科書を読む時にも一工夫を入れてみましょう。

④紙芝居にすると食いつき方が変わってきます。

⑤大型テレビがある場合は活用しない手はないです。

⑥実は便利なデジタル教科書です。活用法はいろいろありますよ。

①ペープサート

②挿絵の貼り方

③読み方の工夫

④紙芝居にする

⑤テレビに映す

⑥デジタル教科書活用

ペープサートで惹きつける

　ペープサートって知っていますか。登場人物を描いた紙に割りばしなどの棒をつけたもののことです。ペープサートを動かしながら読むことで，教材の中身に対する理解を深めていきます。特に低学年は，文章だけでは教材の中身が理解できない時があります。そんな時は，ペープサートを黒板上で動かしながら話を読むとよいです。

　ペープサートを作った場合は，教材を読む前に登場人物のことを簡単に紹介することをおすすめします。「今日のお話では，この２人が出てきますよ。この２人は実は友達なんです。２人はどうやって，仲を深めていったのかを考えながら聞いてくださいね」

　また，ペープサートの裏に磁石を貼っておくと，話を読み終えた後に黒板に貼っておくことができるので，使い勝手がいいです。お互いの心理的な距離が離れていく場面では，黒板に貼った２つのペープサートの距離を離して貼ることによって，視覚的にも分かりやすくなりますよ。

挿絵の貼り方にもこだわる

　複数の登場人物が出てくる場合や，子どもたちにとって馴染みのない偉人の場合，教材を読み始める前に挿絵を貼って登場人物のことを簡単に紹介しておくことは話を理解する上で有効な手立てとなります。

　また，挿絵を貼るタイミングや，どの挿絵を貼るのかについても考えてみましょう。教材を読みながら貼って，その場面をイメージしやすくするのか，読み終わった後に中身を確認するために貼るのかを考えておきたいです。

　先ほどのペープサートの応用で，挿絵にしかけを作るのも有効です。２人の心の距離が離れていく場面では，その場で挿絵をハサミで切って，黒板の端と端に貼るなどすれば，理解度が上がりますね。

教材の読み方にも一工夫入れてみる

　教師が読み方を工夫することは，子どもたちにとって，教材理解のための支援となります。登場人物が2人いる場合は，声色を変えることも手立てとなります。どちらがしゃべっているのかを分かりやすくするために，教師がp.100の図のように立ち位置を少し変えて読むのも1つの工夫です。

　そして，入れてみると面白いのが「音」です。「音」はその場面のイメージを強くさせます。例えば，「強い風が吹く日のことでした」という文章があった時に，その場面の挿絵とともに「ヒューッ」という効果音を流せば，それを聞いた子ども自身が外で寒かった時の経験を明確に思い出すことになると思います。

　道徳では，子どもたちがその教材と出会うのは，その1時間しかありません。内容をしっかりと理解させてあげることを意識して読めるといいですね。

あえて紙芝居にしてみる

　道徳が教科化されて，子どもたちの手元には教科書があります。ですが，あえて教科書を閉じてお話に没頭させるというのも面白いですよ。教科書を開いている状態で，教師が教材を読むと，子どもたちはどうしても文字を目で追いがちになってしまいます。

　教科書を閉じる代わりに，紙芝居でお話を読みます。紙芝居は，「次はどんな場面がくるのかな」というワクワク感があります。低学年の教材なら，もともと紙芝居になっているものがあるので，それを活用するといいです。

　紙芝居になっていない教材ならどうするのか。挿絵を印刷して，画用紙に貼り付けてしまえばすぐに作ることができます。先ほどのペープサートと同様で，紙芝居の裏に磁石を貼り付けておくと，そのまま挿絵として黒板に貼ることができます。すぐにできるので，ぜひ試してみてください。

テレビに映すとイメージしやすい

　教室にある大型テレビに挿絵の場面を映して教材文を読みます。テレビの画面が大きいので，場面ごとの登場人物の表情が分かりやすいですね。

　また，話の中身が複雑で理解するのが難しい教材では，パワーポイントを使って，登場人物に動きをつけてしまうのもよい方法です。1人の登場人物を画面の右端から左端に移動させる。それだけで，もう1人の登場人物から遠ざかっていく様子が分かりやすくなります。

　登場人物のセリフを文字として入れてしまったり，こちらが発問することを入れてしまったりできるのもパワーポイントを使う時の利点です。

　さらに，画像や映像を付け足してしまうことができるのが，テレビを使う利点です。雪山の場面なら，実際の雪山の写真を付け足して見せることもできます。そうすれば，子どもたちはさらにイメージがわきやすくなりますね。

デジタル教科書を活用する

　デジタル教科書が使える環境なら，ぜひ使ってみてください。デジタル教科書には，教材を音読してくれる機能があります。デジタル教科書に教材の音読を任せる。その間に，こちらは黒板に挿絵を貼ったり，めあてを書いたりします。そうすることで，時短につながります。

　また，デジタル教科書には，教材によっては映像が入っているものがあります。絵だけでは，分からないことも映像だと伝わりやすいです。

　教材の範読は，教材の中身を理解させることが一番の目的なので，いろいろな方法を試してみるといいですね。「子どもにとって分かりやすい提示の仕方」「教師にとってやりやすい読み方」「教材に一番合った読み方」を考えて，どの方法で提示するかを選べたらいいですね。

01 役割演技と動作化の違いを知る

　「役割演技」と「動作化」。よく聞く言葉ですが，何が違うのでしょうか。そして，どちらをすればよいのか。このような悩みをもっている人は多いのではないでしょうか。

　結論から言えば，道徳の授業では，どちらも大切です。教材によって，あるいは場面によって使い分けていく必要があります。

基本的には1対1のやりとり

役割演技
〈キーワード〉
やりとりをする
登場人物になりきる
登場人物の心の内を言う

本文にある動きを実際にやる

動作化
〈キーワード〉
やりとりをするわけではない
登場人物の動きをする
動きから心理を考える

役割演技とは

　役割演技では，子どもたちは登場人物になりきって，その場面で登場人物が考えていることを話します。

　役割演技をすると，登場人物の心情などを考えるための支援になります。

　次頁から役割演技の方法について解説していますので，ここでは，動作化について主に解説します。

動作化とは

　動作化とは，本文中に書いてある行動を，実際に動きとしてやってみることを言います。動作化を取り入れる利点は2つあります。

　1つ目は本文の理解を助けるというものです。例えば，「○○はそこで，後ずさりしながら答えました」という文があった時に，実際にやってみようと言うと，できない子がいます。「後ずさり」という意味が分からないのですね。全員一斉に「後ずさり」という動きをさせることで，できる子のやり方を見て，そういう動きだったのかとできなかった子は理解をします。「後ずさり」には気まずい気持ちが表れているはずなので，そこが分からないと登場人物の心情を捉えることができないというわけです。

　2つ目は，授業に動きが出るというものです。道徳の学習では，椅子に座って45分間じっと考えていることが多いです。特に低学年にとっては，45分間じっと椅子に座って考えるのは，なかなか大変なことですよね。そこで，動作化を使って，「全員立ちましょう。今の，○○という動きをやってみましょう」とすると，眠気も吹き飛んで，集中力が戻ってきます。

　また，動作をする中で，微妙に動きが違う子が出てきます。そんな時は，「今，○○さんは少しだけ動きが違ったよね。どうして？」と聞いてみてください。「だってね……」とそこから，話し合いが始まっていきますよ。

02 基本の型

役割演技にもいろいろな型があります。下図は「子ども・教師」でやるものと，「子ども・子ども」でやるものを示しています。

実は，それぞれに利点があり，こちらの意図によって使い分けていくと，授業を組み立てやすくなりますよ。低学年では，「子ども・教師」のやりとりからスタートさせた方がうまくいきやすいです。逆に中学年以降では，「子ども・子ども」に挑戦してみたいですね。

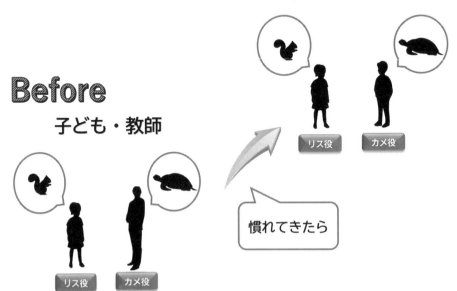

なぜ役割演技をするのか

　役割演技では，登場人物の思っていることや考えていることを，その登場人物になりきって対話をします。「登場人物の考えを子どもたちから聞くだけなら，役割演技なんかやらなくてもいいのでは」そんな声が聞こえてきそうですが，役割演技をやることによって大きな利点が３つあります。

　１つ目の利点は，「子ども同士の対話ができる」ということです。ワークシートに登場人物の考えを全部書いてから全体交流して……という流れだと，対話ではなく，各々の意見の発表会になってしまいがちです。役割演技を入れて登場人物になりきると，「りんごをあげるよ」「え！　２個しかないのに１個くれるの？」「だってリスさんのことが大切だし」「ありがとう。これからも仲良くしてね」といった具合にやりとりが続いていきます。役割演技をたくさんやっている学級では，このやりとりが自然と何往復もできるようになってきます。やりとりの往復が進むにつれて，深い言葉が自然と出てくることがあるというのも役割演技をする魅力です。

　２つ目の利点は，「授業に動きが出る」ということです。これは，動作化のところでも述べた通りなのですが，人は集中力が45分間も続かないのです。ましてや相手は子どもです。１つの説によると，子どもは年齢×１分間しか集中力がもたないとも言われています。だとしたら，１年生の集中力はもって，６～７分間。ここで役割演技を入れると，子どもたちは動きが活発になり，気分がリフレッシュされます。

　３つ目の利点は，「とにかく楽しい」ということです。役割演技は動きをつけて対話しながらやるから楽しいです。低学年の子どもたちに，「今から役割演技をします」と伝えたら，教室中で歓喜の声が聞こえてきます。道徳という教科は，本来，自分の考えを話し合うのが面白いのですが，低学年の子には少しハードルが高いです。役割演技をすることで，「道徳って面白いね」と感じてもらえたら，それだけでも，価値のあるものになります。

まずは「子ども・教師」でやってみる

　役割演技には，様々なやり方がありますが，もし１年生の担任なら（あるいは，前年度まで役割演技をやったことがない子どもたち相手なら）まずは，子どもと教師でやることをおすすめします。

　流れとしては，「今からこの場面で，リスさんが考えていたことをリスさんになりきって話してもらいます。リス役をやってみたい人」という風にリス役を募集して，演技をスタートさせていきます。

　リス役となった子どもは「さっきはごめんね」などとセリフを言います。ここで，教師が役割演技をする上で大切なことは，「いいよ」と言って受け止めて終わらないということです。「いいよ。でも，なんであやまってくれる気になったの」と対話が続くように言葉をなげかけます。すると，「だって，あやまった方がお互いに気持ちがいいもん」というように返ってきます。板書として残していくのは後で発言した言葉の方です。なぜなら，そちらの方が言動の根拠を述べており，児童の考えが反映された言葉だからです。実は教師は役割演技を通して，自然な形で「問い返し発問」をしているのです。

「子ども・子ども」に挑戦

　役割演技に慣れてきたら，いよいよ「子ども・子ども」に挑戦です。そもそも役割演技をする意図としては，「内面に眠る子どもの思考を引き出す」ためですので，ワークシートに書かせずにいきなりやることをおすすめします。もし，考えを書いてからやる場合は「書いたものは手に持たせない」「やりとりを大切にする」「書いてあるものと変わってもよい」ということを伝えてからやるとスムーズにできます。

　「子ども・子ども」のやりとりのよいところはリス役・カメ役のどちらもできるという点です。両方の立場からやることによって「多角的に」考える

ことができます。せっかく子ども同士でやりとりをさせるので，ペアを組ませて全員にさせましょう。その時には，どちらの役もやらせるということが望ましいです。最初にＡの子がリス，Ｂの子がカメだとしたら，次はＡの子がカメ，Ｂの子がリスをするといった具合です。役割を変えてやることを通して，違う角度から考えることができるようになります。

　せっかくなので，全体の場でも挑戦させてみましょう。リス役とカメ役を募集して，子どもたちが見ている前で２人にやらせます。その時のポイントとしては，「役割演技をやった子にインタビューをする」ということです。「やってみてどう思いましたか」や「やりとりの中で，黒板に残しておいた方がいい言葉はどれかな」などと聞いて，やりとりしたことを整理していきます。また，フロアの子（見ていた子）にも問いかけます。「今のやりとりを見て感じたことはありますか」と問うことで，見ていた子どもたちは第３者の立場として，考えを言ってくれます。「リスさんの言い方がよかったと思う」「２人のやりとりが素敵だったよ」ここでも，どんどん問い返していきます。「２人のやりとりはよかったよね！　特にどこがいいと思ったのかな」このように問い返していくことで，どんどん思考が深まっていきます。

使用上のポイント

　役割演技をやっていく上で，よくある悩みとしては，子どもたちが演技をすることを恥ずかしがるということです。そこで，一番やってはいけないことが「授業中に演技の指導」をしてしまうということです。「もっと大きな声を出して！」「感情をこめて言わないと」こんな風に言われてしまっては一気に楽しくなくなってしまいます。どうしても気になる子がいた場合は授業が終わった後に，その子に話を聞いてみるといいですね。

　逆に，「役になりきってやっていた子」や「やりとりを何往復もしていた子」に関してはその場でどんどんほめていいと思います。そうして，役割演技に対するモチベーションを高めていけるといいですね。

03 応用の型

　役割演技「応用の型」は，1人3役で構成されています。
　①自分の中にいるエンジェル役（ポジティブな考え，見方）
　②自分の中にいるデビル役　　（ネガティブな考え，見方）
　③客観的に見ている自分　　　（フラットな考え，見方）
　1人の登場人物に対して，3役設定することによって，多角的に考えられることをねらいとしています。

こんな場合でも役割演技？

　役割演技は通常，ＢやＣの内容項目で行うことが多いです。なぜなら，ＢやＣは他者とのやりとりに焦点を当てているからです。

　では，Ａの場合はどうなのか。Ａは「主として自分自身に関すること」となっています。つまり，相手とのやりとりというよりは，自分の中の葛藤がテーマになってきます。やりとりがなければ，役割演技はできなさそうに思いますが，そうではないのです。実は，登場人物が１人でも３つの役に分けて演技をすることができます。それがこの「応用の型」です。「応用の型」は自分の内面を客観的に見るのに役に立つ型です。

応用の型の進め方

　例えば，こんな場面を想像してみてください。本書を読み進めているあなたが，今ダイエットをしているとします。そこで，週末に友人が遊びに来ることになり，ケーキを買ってきました。さて，そのケーキを食べますか？と，こんな場面があったとします。どうですか。悩みますよね。そんな時はきっとあなたの脳内で，エンジェルとデビルが戦っているはずなんです（以下，エンジェルをエ，デビルをデと略します）。

エ：「あぁ。おいしそうなケーキだね。でも，ちょっと待って。この間ダイエットを始めたばかりだよ。ここは我慢しよう！」

デ：「いやいや，食べないとケーキを買ってきてくれた友達に悪いよ。ここは食べるべきだ」

エ：「それは，友達も分かってくれるはず。それより，１回食べてしまったら，これからも食べてしまうかもしれないよ」

デ：「でも，１回でしょ。大丈夫，大丈夫。それにこのケーキは大好きなチョコの味だよ！」

どうですか。思い当たる節はありませんか。「応用の型」ではこのように，自分の脳内にいるエンジェルとデビルをイメージしていきます。

　このままだと，２つの役しかないじゃないかと思いましたか。ここで，もう１つ入れてみたい役が，「そのやりとりを見ている自分」です。冷静に客観的に，フラットな視点でそのやりとりを見ている自分。この役を加えることによって，「応用の型」が完成します。

　では，実際にはどうやって進めていくかということなのですが，やる時は３人一組になってやります。エンジェル役，デビル役，見ている自分役で振り分けて，３人で役割演技を進めていきます。

　エンジェル役とデビル役のやりとりについては，「基本の型」と同じです。やりとりを通して，その登場人物の人間的な弱さや魅力を考えていきます。

　そして，見ている自分役についてですが，これは見ていて感じたことを自由に話していいということを伝えていきます。例えば，教材の中では，登場人物がその葛藤を乗り越えて，道徳的な価値のある行為を実現させたとしましょう。（つまり，エンジェル側の勝ち）ですが，この役割演技の中では，デビル側の方に共感してもいいのです。「あぁ。デビルの方の言い分も分かるな」といった具合です。

　実は，この役割演技で「どちらに共感してもいいよ」と伝えているのは，自分事として考えるための工夫なんです。「どちらに共感してもいいよ」と言われた子どもは無意識のうちに，自分事として考え始めます。自分だったらどうするかな……と。

　全体で役割演技をして，クラスのみんなで考えを深めていく方法もあります。全体でやる場合は，役割演技をする子を３人募集して役割演技を進めていくのもいいですが，あえて，募集するのをエンジェル役とデビル役にとどめておくという方法もあります。

　では，見ている自分役は誰がするのかということなのですが，それは，フロアの子（見ている子）全員にさせます。「今から，演技を始めます。エンジェル役とデビル役で前に出てきてくれた○○さんと○○君以外の見ている

みんなは，『見ている自分役』で参加してくださいね。後でやりとりを見ていて思ったことを聞きますよ」このように伝えてスタートします。

　いろいろな子に見ていて考えたことを聞くと，エンジェル役に共感する子，デビル役に共感する子のどちらも出てきます。役割演技を通して，人によって考えが違うのだなということを感じられたら，よしとしたものです。

使用上のポイント

　この応用型の使用上のポイントとしては，エンジェル役とデビル役のやりとりがヒートアップして口論のようにならないように気を付けるということです。やりとりの中では「そのように考えた理由や根拠」を伝えることを意識させます。応用型は，ある意味ディベートと似ていますね。しかし，この役割演技をするねらいは勝ち負けをつけることではないのです。役割演技のやりとりを通して，「この場面で葛藤する登場人物の気持ちも分かるな」と共感したり，「自分だったらどうするのかな」と考えさせたりすることがねらいなのです。そこをはき違えてはいけません。

　もう1つのポイントは基本の型でも述べたように，演技指導はしないということです。「全体で役割演技に挑戦してみたい人」と募集をすると，たいていは元気のある子や普段から目立つような子が挑戦しがちです。みんなの前では恥ずかしくて役割演技はしたくないけど，「自分なりに考えている子がいる」ということを忘れてはいけません。役割演技の後には「演技はしないけど，自分の考えを言える人いますか」と聞いて，役割演技をしなかった子の意見もどんどん拾っていきたいですね。あくまでも，役割演技は子どもたちの思考を深めたり，引き出したりするための手段です。

　中学年以降の教材では，教材の中に，登場人物が葛藤をする場面が多く出てきます。ぜひ，「応用の型」を使って，登場人物の心の内面を探るとともに，自分だったら，この葛藤をどうやって乗り越えるのかなということを考えさせていってみてください。

04 「お助けグッズ」で 盛り上がるランキング

「第1位」……映画撮影の時に，監督が使うやつです。かけ声とともにカチン！と音を鳴らすと盛り上がること間違いなし！

「第2位」……100均のお店にも売っている，おもちゃのマイクです。これがあると，役割演技後のインタビューで盛り上がります。

「第3位」……帽子にリスの絵を貼り付ければ，かぶった子はリス役になります。演技する時の気持ちが盛り上がります。

♛Ranking♛

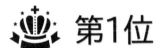 カチンコ

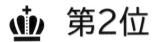 マイク

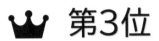 帽子(小道具)

いかにしてお話の世界観に引っぱれるか

役割演技では，いかにしてお話の世界観に引っぱれるかが大切になってきます。そこで，登場するのがお助けグッズです。お助けグッズがあることで，グーンと子どもたちはその世界観に入っていけますよ。

第1位のカチンコについて。カチンコは，鳴らした瞬間から，お話の世界観に切り替わるという合図として使えます。使う時は「さぁ，今からお話の世界に入っていきます。このカチンコを鳴らすと，みんなの目の前にいる○○君はリスに，○○さんはカメにしか見えなくなります。では，いきます。みんなで言いましょう。せーのっ！ 3，2，1，アクション!!」のように少々おおげさに言って全体を巻き込むことを意識します。

第2位のマイクについて。マイクは役割演技が終了した後に使います。「インタビューします。なぜ，そのように言ったのですか」このように問うと「だって，本音でしゃべった方が仲直りできると思ったんです」などと答えてくれます。そしたら，「本音でしゃべることが大切なんだね。みんなはどう思う？」とフロアの子（見ている子）に問うことができます。こういうところから話し合いが始まってきます。

第3位の帽子について。役割演技をする時に，どちらがどの役かということが分からなければ，見ている方は混乱してしまいます。そこで，帽子を活用します。こちらが，あらかじめリスやカメのイラストを赤白帽子に貼り付けて用意しておくというのも1つの手ですし，慣れてきたら，「赤をかぶっているのがカメ役で，白をかぶっているのがリス役です」とすれば，見ている子もすんなり理解しますよ。

この他にも，栗，斧，ひしゃくなどの小道具を準備することがあります。すべては，子どもたちにお話の世界観に入ってきてもらうためです。矛盾しているようですが，役割演技にはその世界観に入って考えることにより，登場人物をより身近に感じ，一段と自分事として考えるというねらいがあります。

道徳の授業は種まき

　道徳の授業が年間で何回あるか知っていますか。35回ですよね（１年生は34回）。その35回しかない時間で，子どもたちは道徳で何を学ぶのでしょうか。そして，どんな風に行動が変わるのでしょうか。

　答えは……「何も変わらないかもしれないし，大きく変わるかもしれない」です。「なんじゃそりゃ」と拍子抜けした方もいるかもしれませんね。でも，事実ですよ。道徳の授業は，週に１回しかないですからね。

　道徳の授業で，「友情」について１時間，真剣に議論をして，いい話し合いができた。「大満足だな」と思ったのも束の間。次の休み時間には，大喧嘩が……。「さっき，あんなにいい事言ってたのにー！　あれは何だったの！」こんな経験は誰しもあるはずです。

　では，「何のために授業をやるの。授業は意味ないじゃない」と思われそうですが，道徳の授業は種をまくためにあると思っています。

　植物の種を思い浮かべてください。種をまいてもすぐには芽が出ませんよね。道徳の授業は種まきと同じです。芽が出るためには水やりが必要なんです。では，教育現場における水やりとは何でしょうか。それは，「道徳教育」と置き換えられます。

　「水やり」は，具体的に言うと，教師の声かけや価値付けなどになります。「お！　○○さん，低学年に優しくしているところを見たよ。優しさであふれていたね」こんな風に声かけをすることが，水やりになります。

　種をまいて，水をやって…そしたら，根を張り，いつかは芽が出て，花が咲きます。でも，その「いつか」は，明日かもしれないし，１週間後かもしれないし，はたまた，１年後，10年後かもしれません。でも，種をまいていないところには花は咲かないのです。

　私はそう思って，35時間の道徳の授業の中で，いろいろな価値観の種をまいています。いつかは，花が咲くことを楽しみにして……。

さらなる
レベルアップには
多様な方法を
知ること

3 章

01 多面的と多角的を意識する

「多面的・多角的」という言葉をよく聞くようになったと思います。

多面的と多角的は漢字で書くと一文字違い。意味が分かりにくい言葉です。2つとも，意味としては，思考の幅を広げていきましょうということなんですが，厳密に言うとこの2つには違いがあります。この2つの言葉の違いを意識できるようになると，道徳の授業作りにも役に立ちます。

多面的

礼儀
友情
親切

多角的

多面的とは

　「多面的」は，1つの物事には様々な面があるということを示しています。「面」と聞いて真っ先に思い浮かぶのが，サイコロです。サイコロは出た面によって数字が違いますよね。

　道徳の場合は，内容項目で考えるのが分かりやすいです。例えば，内容項目の「友情」がテーマとして扱われている教材があったとします。子どもたちの話し合いは「友情」の深め方や，なぜ「友情」が大切かというところで進んでいきますよね。でも，中には「親切」にすることで「友情」が深まるという子がいるかもしれないです。さらには，「親しき中にも礼儀あり」という視点で話す子もいるかもしれません。内容項目は他の項目と結びつきがあるので，他の項目の話が出てくるのは当然のことなのです。それをめあてと違うからという理由で切り捨てるのではなく，そういう面もあるねと共感しながら，授業を進めていくことが大切になってきます。

多角的とは

　「多角的」はいろいろな「角度＝立場」から物事を見ようということを示しています。例えば，リンゴが1つあったとして，正面から見た子は「おいしそうだな」上からみた子は「へたがついているな」下からみた子は「下に影ができているな」裏から見た子は「かじられているリンゴだな」と同じ1つのリンゴなのに見え方が変わってきます。

　授業の中で考えると，登場人物の視点を変えるということになります。親切をした立場，親切にされた立場，その様子を見ていた立場など，視点を変えて考えていくことによって，思考の幅を広げられるようにしていくというわけです。授業者は「多角的」を意識して発問を組みます。「逆の立場だったら，どうかな」と問い返すことも思考の幅を広げるのに有効ですね。

02 イメージトレーニングする

　授業の流れができてきたら，イメージトレーニングをすることは大切だと思っています（以下，イメトレと略）。

　歴代のトップアスリートもイメトレを欠かさずにやっています。イメトレをすることによって，パフォーマンスを高めていきます。授業も同じで，イメトレをすることによって，パフォーマンスが上がります。ここで，こんな発言がきたら，こう問い返してみようという感じで進めていきます。

イメージトレーニングのやり方

　授業の流れを考えて完成したら，ふぅーっと一息つきたくなりますね。そして，そのまま授業当日になり……ということが多いと思うのですが，授業の流れが完成したら，もう一度自分の作ったものを見返してみましょう。

　発問は本当にこれでよいのか。板書計画は分かりやすくなっているか。確認することはたくさんあります。そして，一通り確認が終わったら，次は脳内でイメージをふくらませていきます。「自分が教壇に立って，教科書を読んでいるところ」「子どもに問うとどんな答えが返ってくるのか」「返ってきた答えに対してどんな風に問い返しをしていくのか」イメトレを進めていくと，クラスの中でAさんはこんな風に言うかな，Bさんだったら……とイメージがさらにふくらんでいき，脳内で映像化されてきます。イメトレが進んできたら，そこでイメージしたことをノートに付け足していきます。こうすることで授業の精度が高まってきます。

イメージトレーニングがもたらすもの

　授業を作っただけでは気が付かないことが，イメトレで閃くことがあります。特に，問い返し発問は子どもの発言に対して行うものなので，イメトレは欠かせないと思っています。

　また，イメトレをしておくと授業の際にも焦らずに済みます。授業で，子どもたちが思いもよらない発言をして焦ったという経験は誰にでもあるのではないでしょうか。イメトレの時に，少し的外れな意見が出た場合はどうするのかも考えておいたら心に余裕が出ます。そもそも，子どもの発言が本当に的外れなのかどうかは，じっくり考えないと分からないです。実は，深い発言をしているかもしれません。どの発言を問い返して，どの発言はさらっと流すのかはイメトレで培った力が発揮されます。

03 ローテーション道徳を取り入れてみる

　ローテーションで道徳の授業を回していきます。図のように，最初の週に1組担任が教材A，2組担任が教材B，3組担任が教材Cという風に授業をしたとします。次の週には，1組担任が教材Aを2組で授業をします。2組担任は教材Bを3組で，3組担任は教材Cを1組で行います。そして，さらに次の週には，もう1つクラスをずらして行います。このように3クラスなら3週間でローテーションしながらやります。

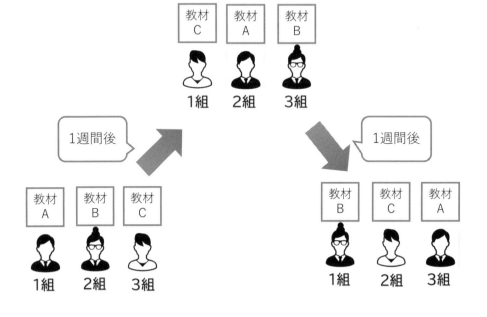

ローテーション道徳を行うコツ

　ローテーション道徳を行う際には，年度当初に年間計画を作る際に，どの教材をローテーション道徳でするのかを学年で相談した方がいいです。その際に，重点項目の教材（その年度に特に力を入れてやろうと決めた内容項目の教材）はローテーションから外しておいた方が無難でしょう。重点に置く項目は，校内の研究に関するものや，子どもの実態を見た時に学年で1番力を入れて育てていこうと考えたところなので，子どもとの関係性の強い担任がやった方がよいからです。

　また，学期に1回のローテーションで回すくらいの頻度がよいと思われます。なぜなら，道徳の授業で所見を書く時に，自分のクラスで授業をしたものでないと，なかなか所見を書くことは難しいからです。ローテーション道徳を行った際には，放課後に子どもたちの様子を交流したら楽しいですよ。

ローテーションして得られるもの

　ローテーション道徳は得られるものが多いです。

　まず，第1に教材研究の質が上がるというものです。同じ授業を学年のクラスの数だけやるので，発問や板書を改良しながらやることができます。授業がうまくいった時はそのままの流れで授業をすると思いますが，クラスによって反応が変わってくるので，それも楽しめます。また，例えば左頁の図のように学年が3クラスある場合は1つの教材研究をすれば，3週分授業ができるので，授業準備の時短にもつながります。

　第2に，他のクラスの子の様子を知ることができるというものです。小学校では，担任が授業を進めているので，他のクラスの子の様子をあまり分かっていない場合があります。授業を通して子どもと関わると，クラスの雰囲気などが分かりますよ。

04 授業後に振り返る

　授業後の振り返りは，自分の頭の中でやってもいいのですが，せっかくなので，画像や文章で残しておくことをおすすめします。

　振り返りは，時間をかけて行うのが理想的なのですが，教師という仕事は多忙のためなかなか時間がとれないことがあります。そんな時には，すぐに使えるタブレットやデジタルカメラを使う，ノートに少しメモをする等，手軽な振り返りをしてみてはいかがでしょうか。

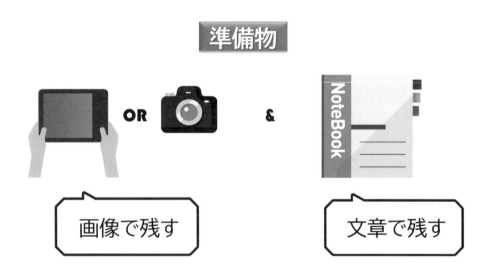

準備物

OR　&　NoteBook

画像で残す　　　文章で残す

振り返りはすぐできる

　子どもたちには授業後に振り返りをさせていますよね。ぜひ，教師も授業後に振り返りをしましょう。授業力が一番伸びるのは，授業後の振り返りだと言っても過言ではありません。「うまくいったこと」をそのままにしておくと，次に同じ場面が出てきた時に，「うまくいく」とは限らないです。「うまくいかなかったこと」をそのままにしておくと，同じ場面が出てきた時に，きっとまた同じ失敗をしてしまいます。とは言え，教師は多忙なので，なかなかじっくりと振り返りをする時間はないですよね。そこで，時短の振り返り方法を紹介します。

　まずは，画像で残すという方法です。タブレットやデジタルカメラで板書を残しておきます。画像で残しておくと，後々授業を思い返しやすくなりますし，何よりお手軽です。また，タブレットで保存しておくと，その画像に直接言葉を書き込むことができるので，そのまま振り返ることができます。

　文章で残すという方法もおすすめです。文章で残すと聞くと，振り返りを書くのは面倒くさいと思った方もいるかもしれません。何も1から振り返りの文章を書く必要はありません。授業用に作ったノートに振り返りを書き足していけばよいのです。おすすめはペンの色を変えるということです。授業の案は黒で書いていると思いますので，振り返りは赤など目立つ色で書いていきましょう。

　振り返りをする時にはコツがあります。それは，「もし，また同じ授業をするならどうするか」と考えるというものです。

　「反応がいまいちだった発問は変えた方がよかったのか」「板書は児童にとって分かりやすいものになっていたのか」「役割演技を取り入れてみたけど，今回の授業にふさわしかったのか」このように考えて振り返りをしていきます。発問などの代案が思い浮かんだら，すぐにノートに書き込んでいくと世界にたった1つ，あなただけの貴重な財産になります。

01 話し合いの型を変える

　話し合いには，いろいろな型があります。それらを適切に使いこなすことによって，授業の盛り上がりや話し合いの深まり度合いが変わってきます。

　①全体での話し合いです。みんなで話し合いを深めていきます。

　②隣の人との交流です。意見が言いやすいですね。

　③いろいろな考えを吸収できる方法です。

　④ホワイトボードなどを用いると話し合いが盛り上がります。

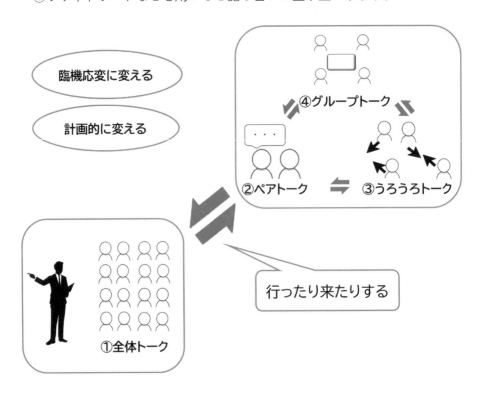

126

いろいろな型を使いこなす

　①や②は多くの方が使っていると思いますので，③，④について説明します。

　③は，うろうろと歩き回って，ワークシートに書いた自分の考えを友達と伝え合うという方法です。この型のよいところは，考えを知りたいと思った友達のところに行って話し合えるということです。この時に，赤鉛筆を持たせて交流させることをおすすめします。友達の考えを聞いて「なるほど」と思ったことは赤鉛筆でどんどんワークシートに書き込んでいきます。なぜ，赤鉛筆かというと，後で見返した時に自分の考えと区別できるからです。振り返りの時には，「最初は○○と考えていたけど，友達の考えを聞いて～～と考えが変わりました」という子が増えてきますよ。

　④は，班で話し合うという方法です。ワークシートに書いたものを発表するという方法だと，意見の発表会になりがちなので，ホワイトボードに書き込みながら話し合いさせるなどの工夫があった方がいいですね。話し合いなので，お互いに質問しながら進めるなどのルールを設けるとよいでしょう。

どのタイミングで型を変えるのか

　この４つの型はそれぞれにメリットがあるので，使い分けた方がいいと思うのですが，どのタイミングで型を変えるのかは見極めていきたいですね。

　中心発問のタイミングで③や④を「計画的」に入れるということは大切だと思いますが，発問をした時に「臨機応変」に型を変えるのも大切かなと思います。発問をした時に子どもたちが沈黙をする。沈黙そのものは悪いものではありませんが，沈黙の種類も見た方がいいです。じっと考えているのか，困っているのか。困っているのなら②に切り替えるのか③に切り替えるのか。「臨機応変」に切り替えて，発言しやすい空気感を作っていきたいですね。

02 つぶやきを拾う

　「つぶやきを拾う」というのも教師として身につけたいスキルの1つです。たくさんの発言や，つぶやきがあふれる中で，授業中に深めたいつぶやきはどんどん拾っていきたいですね。

　つぶやきは小さい声なので拾いにくいです。そこで，拾うためのコツや拾った後どうやって広げていくかを次頁で解説しました。

つぶやきを拾う意味

何かを閃いた時や，心の奥底から思った時は，思わず心の声が漏れてしまう……という経験は大人でもあるはずです。子どもたちも授業中に考えていたことが思わず口から出るということは多々あります。また，発表が苦手な子もつぶやくことはあります。そこを積極的に拾うことで，子どもたちの考えを広げていくことができます。度が過ぎる発言などを除けば，授業中のつぶやきは禁止せずに，むしろ推奨していってほしいです。

つぶやきを拾うコツ

子どもたちのつぶやきは，そこら中で聞こえてきます。問題はどうやって拾うかです。方法の1つは，子どもたちがペアトークを始めた時に，そばに寄って，聞き耳を立てるというものです。普段，全体で意見をあまり言わない子に焦点を当てて聞くことを意識するとよいです。そして，そのつぶやきを全体交流の時に紹介します。「さっき，○○さんは親切について自分の考えを言っていたよね。何て言っていたの」といった感じです。

それでも，その子が言いにくそうな場合は，ペアで話をしていた子に話を振ってみましょう。「さっきのペアトークで○○さんは何て言ってたの」と聞いて，隣の子に意見を言ってもらいます。その後にその子に「今言ってたので合ってるかな」と聞くと，はにかみながら自分の言葉で言ってくれます。

全体の交流の中でもどんどんつぶやきを拾っていきたいです。全体の中でつぶやきを拾うには，なるべく教師から遠い席の子に意識を向けておくとよいです（近い席の子のつぶやきは意識しなくても耳に入ってきます）。

さらには，授業中この発言が出てきたら，拾い上げてそこを広げていこうとイメージしておくことも大切です。つぶやきは「本音」がほとんどだと思います。つぶやきを拾って本音で語る授業を作っていきたいですね。

03 指名の仕方を工夫する

指名方法1つとっても，いろいろな指名方法があります。

①は一番オーソドックスな方法です。1つ1つの意見を大切にできます。

②は子どもたち同士でつないでいく方法です。教師は板書に集中できます。

③は自由度の高い方法です。話し合いが盛り上がりやすいです。

④はどの子も立場を表明しやすい方法です。

では，次頁から使い分け方法を見ていきましょう。

①挙手指名

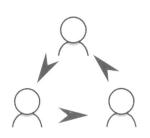

②相互指名

③挙手無しトーク

④ネームプレートから指名

いろいろな指名方法

　①は出てきた意見を教師が問い返しやすいという利点がありますね。挙手が苦手な子にとっては，意見を言いにくいという欠点があります。

　②の相互指名では，子どもたち同士で意見をつなげていくことを意識します。ただの当て合いにするのではなく，質問が入ってくるとレベルが上がります。最初は発言者が質問はないかを聞くという風にルールに入れてやってみます。「親切は○○だと考えます。質問はありませんか」といった具合です。質問がなければ，次の意見を言うという風に進めていくと，子ども同士の発言がつながってきますよ。

　③では，挙手をしないことによって，自由に意見を言ってもよい空気感を作っていきます。この方法は，意見を言いにくい子が意見を言いやすいという利点があります。ただし，意見を整理しながら板書しなくてはいけないので，教師の腕は問われそうです。

　④では，「どちらの場面が友情が深まったと思いますか」このように発問して，ネームプレートを貼らせます。子どもたちは立場を表明しているので，意見を言いやすくなります。「Aの場面に貼った人」と聞いて，指名していけば，必ず意見を言ってくれます。ただし，AかBかで正解を出そうとしているわけではないということを頭の片隅に置いておく必要がありますね。

どの指名方法が最善か

　実は，最善の指名方法はないと考えています。クラスの実態に合わせて指名の方法は変えていった方がいいですね。①がダメだというわけではないのです。①によって教師が問い返して子どもたちの考えを深めていくのも道徳の魅力の１つです。ただし，クラスの実態，教材や発問によっては，②～④の指名の仕方も取り入れていけば，クラスで話しやすい空気を作れますね。

04 | 机の配置を工夫する

　机の配置はどうしていますか。おそらく，前を向けて授業をされている方が多いのではないでしょうか。

　机の配置を工夫すると，それだけで意見が活発に出てきたり，役割演技をしやすくなったりといろいろな利点があります。ぜひ，試してみてください。

　また，道徳の授業になると，このように机の配置を変えるということを決めておくと，子どもたちの意識が道徳モードに切り替わりますよ。

コの字型

円型(机無し)

コの字型配置にすると……

　コの字型配置にすると，お互いの顔が見えやすいという利点があります。道徳の授業では，友達の考えを聞いて，受け止めた上で自分の考えを発言することが大切になってきます。この配置にしておけば，自然と友達の方を向いて発言することになるので，お互いに相手の発言を受け止めやすくなります。また，相互指名もやりやすいですね。どの子が挙手しているのかが一目瞭然となるからです。

　さらに，コの字型の配置にしていると，「役割演技」をしやすくなるという利点もあります。真ん中の空いているところをステージのように見立てて役割演技をすると盛り上がりますね。役割演技「応用の型」をやる際には，真ん中の空いているところに椅子を１つ置いておき座らせてやると，客観的に見ている自分役の子が演技を見やすくなります（詳しくは p.110 役割演技「応用の型」の頁を参照してください）。

円型配置にすると……

　円型配置では，思い切って机を無しにして授業をします。机が無いことによって，どんな利点があるのでしょうか。

　１つは，机を無くすことによって，子ども同士の距離が近くなるということです。心理学の本などで，物理的な距離が近づくと心理的な距離が近づくということが言われますが，まさしくこの円型では，心理的な距離が近づきます。心理的な距離が近づくと，建前ではなく「本音」で語る子が増えてきますよ。

　また，相互指名や役割演技をしやすくなるのはコの字型と同じですが，うろうろトークをしやすいという利点もあります。円の中で，うろうろして友達の意見を聞いて，自分の席に戻って考え直すということがやりやすいです。

Column

失敗したから今がある

「道徳の授業教えてください」今でこそこのように声をかけてもらうことが増えてきましたが，若手の頃から道徳の授業が得意だったかと言うと……全くもってそんなことはありませんでした。

あれは，今から10年ほど前のことです。当時，勤務していた学校で，「若手の勉強会」というものがありました。そこでは，全員が1人1つの授業を行って，そこに所属している若手と，アドバイス役の先輩に見てもらうというものがあったんです。さてさて，何の授業をしようか。当然，私が選んだのは，道徳でした（道徳なら，1時間で完結するので，公開授業の時に進度を気にしなくてもよいという安易な理由です）。

さて，迎えた当日。よく分からないままに授業を行って大失敗をしました。「大切なことは色を変えて書く」何となく，そんな知識をもっていた私は，中心発問で出てきた意見をすべて黄色のチョークで書いたのです。さらに，あまり練れていなかった授業はつまらないものになったようで，意見が全然出てこずに，黒板の半分しか埋まらず，それで終わってしまったのです。

その後の事後検討会は記憶に残っていません。覚えているのは，全くもってダメダメだったなということだけ。

でも，唯一救いだったのは，「道徳の授業は面白いな」って思っていたことです。その公開授業で，めちゃくちゃ悔しい思いをした私はそこから一念発起しました。研究会に入って，道徳の授業の基礎基本から学ぶことにしました。自分でも本を買って勉強も続けました。

そこから，異動して，道徳の研究校になり（たまたまです）どっぷりと道徳の研究を重ねていくうちに，どんどん道徳の奥深さに惹かれていきました。

あの失敗が無かったら，今こうやって本を執筆していなかったかもしれません。失敗しても，それをバネにするといつかは飛躍できる時がきます。

これは，道徳に限らずですが，失敗は「糧」にしていきたいものですね。

大公開！
授業作り
ドキュメント

4 _章

こうやって作っています！
実際の授業作り

　さてさて，いよいよ実際の授業作り編に突入です！　一緒に授業を作っている感覚で読んでもらえたらと思います。もし，もう少し詳しく知りたいなと思った時は，１章〜３章に戻って読み返してください。

　まずは，用意するものです。「ノート・教科書・学習指導要領解説」この３点セットを用意してください。

　学習指導要領解説は，インターネット上のものでも構いません。私は普段はタブレットの中にダウンロードをしたものを使っています。

　紙媒体の方が，じっくりと読みたい時には，読みやすいので，両方使えるようにしておくとよいと思います。

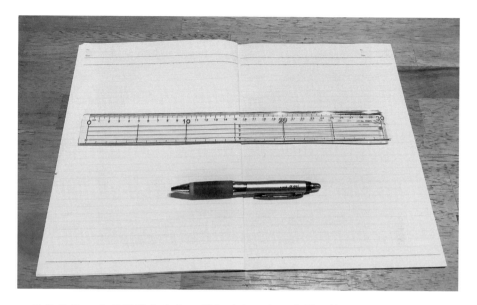

　そうそう。まだ用意するものがありました。定規と筆記用具です。筆記用具は黒のボールペンを使っています。濃くて見やすいからです。ボールペンで書いておくと，コピーした時にも見やすいです。同じ学年を組んでいる人に教材研究したものをシェアしたい時や，授業を見に来てくれる人に，コピーを渡す時には濃い方が見やすくて喜ばれます。

　これは，後ほどもう一度述べますが，授業の計画をする時には，色は黒1色を使っています。そして，反省を書き込む時には色を変えて赤色で書き込みをしています。

　こうやって色を変えて書き込むことによって，最初の段階で考えていたものと，実際に授業をしてみての反省を後から見た時に一目で分かるようにしています。

　教材研究をしたノートは，貯めておくと自分の財産となります。指導書をコピーして，そこにメモをして書き込む……のではなく，ぜひ，ノートに教材研究をして，自分だけの財産として貯めていってください。

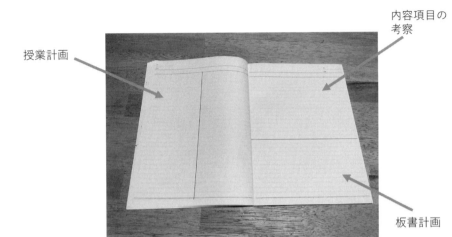

内容項目の考察

授業計画

板書計画

　ノートは見開きで使うことをおすすめします。最初のうちは，見開き分も書けないかもしれません。実際，私が若手の頃は，半分の頁を埋めるのでも精一杯でした。ですが，書くことが分かり，慣れてきたら，必ず見開き分は頁が埋まるようになってきます。

　その一方で，見開きよりも多く頁を使うのはやめておいた方が無難かなと思っています。

　授業中に，このノートを見て授業をするとしたら，頁が次の頁にまたがっていたら，いちいち頁をめくらないといけないので，前後の関係が分からなくなるということが起こってしまうかもしれません。

　また，教材研究をする時間のことも考えると見開きがちょうどよいくらいだと思っています。見開き以上に書くとなると，時間もたくさんかかるからです。

　ノートには，定規で線を引きます。左側の頁は真ん中に縦に線を引きます。これは，授業の計画を立てることになります。

　授業の計画とは，導入からの授業の流れのことを言います。主に発問や予想される児童の反応などを書いていきます。

右側の頁には，真ん中（または，真ん中よりやや下）に横に線を引きます。こちらは，上側に内容項目についての考察。下側に板書の計画を立てていきます。私は，内容項目についてじっくりと考えたい派なので，横の線は真ん中よりやや下に引き，内容項目について書くスペースを広めにとっています。

　この辺りは好みにもよると思いますので，慣れるまではいろいろと試してみてください。

　ここまで，線を引くことができたら教材研究をするための準備完了です。では，ここからは，いよいよ中身に入っていきましょう。１章のおさらいです。どの順番で授業を作っていましたか。

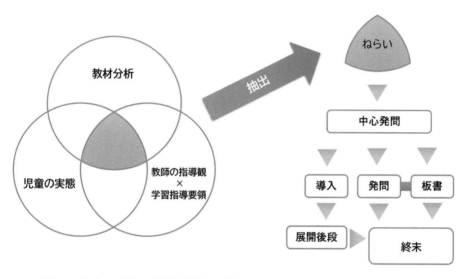

　まずは，児童の実態，教材分析，内容項目についての考察です。今回は，「家族のために」（『生きる力』５年生，日本文教出版）の教材を取り扱います。

「家族のために」のあらすじです。

> アキは両親と兄と4人暮らしをしています。
> アキには，家族の中で分担された仕事（洗濯物を取り込む）があります。
> 分担された仕事に不満をもつアキ。父と母にも不満が募ります。
> 遠足の日。アキは，前日，母が仕事で遅く帰ってきたのに，早朝から弁当を作ってくれていることや，父が外で仕事をした上で「洗濯物を干す」仕事をしていることのありがたさに気付きます。
> そして，遠足から帰ってきた後，本来の仕事とは違う弁当箱を洗うということをし始めるのでした。

「家族愛」は内容項目でいうとCに当てはまります。Cは「所属意識」を大切にするということで解説しました。「家族」に関しては，特別なことをしなくても所属感はあることでしょう。主人公の「アキ」にスポットを当てて発問をすることで，自然と自分事として考えられそうです。

次に気にしなければいけないのは，児童の実態です。母子家庭や父子家庭はあるのかないのか。児童はそのことに引け目を感じているのか，いないのか。この辺は気にかけておく必要があるでしょう。家庭の実態を考えて授業をするとすれば，「家族愛」の内容項目は，ある程度学級の子どもの実態が分かってきてからやった方がよいと思われます。

話を教材研究に戻すと，この話は「家族愛」を扱った話ということは間違いなさそうなので，「家族愛」について考えていきます。

ノートの右上部分に「家族愛」と書いて，自分がイメージする「家族」の在り方についてノートに書いていきます。

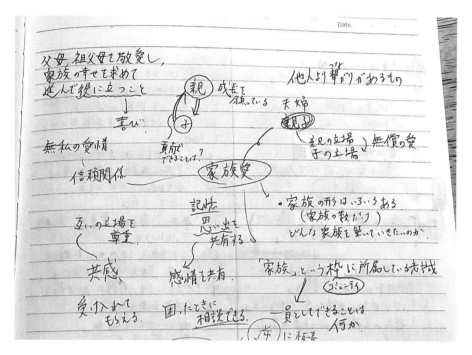

ノートに書いたことを紹介します。まず,「家族」というテーマを考えた時に,「親の立場」と「子の立場」があると考えました。私も5年前に親になったのですが, 親から子への愛は「無償の愛」が注がれていると感じています。

「家族の形はいろいろある」とも考えました。核家族世帯が増えてきたのは, すぐにイメージできますね。他にも, 共働き世帯も増えていそうです。だとしたら, より一層家族の一人一人が協力しなければいけないなと感じるわけです。どんな家族をもつべきかのイメージをするのも大切でしょう。

他には,「家族は記憶や思い出を共有する」「互いの立場を尊重する」「信頼関係がある」「無私の愛情を注ぐもの」「親は成長を願っている」「家族は困った時に相談できる存在」などの言葉を思い浮かべました。

ここまで考えた上で，学習指導要領解説を確認しました。解説には，このように載っていました。

　「父母，祖父母を敬愛し，家族の幸せを求めて，進んで役に立つこと」

　「進んで役に立つこと」は今回の教材研究をする上で大切なポイントとなってきそうですね。

　ここまで，考えた上で，今回は「家族の幸せについて考える」というねらいを設定しました。

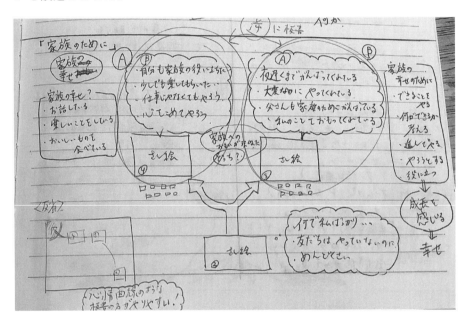

　さて，中心発問についてですが……「進んで役に立つ」ということを考える上では，中心場面は遠足から帰ってきて，お弁当箱を進んで洗っている場面となりそうですね。その場面を取り上げて，「なぜ，アキは自分の仕事でもないお弁当箱を洗う仕事をしたのだろう」としてもいいのですが，何か物足りない……。

そこで，1つ前の場面もアキの思いを比べるために出すことにしました。母や父が外で仕事をした上で家族の仕事もしてくれている「ありがたさ」をアキが感じた場面です。

　この2つの場面を対比して，アキが「家族への思いが強くなったのはどちらの場面か」を中心発問としました。「思いが強くなった時に幸せを感じるのではないかな」という風に考えたからです。

　対比するということが決まったので，板書は「対比型」を使いました。中心発問に至る前の「きっかけ」ではなく，落差を意識させるために，最初の不満があるところを下に配置して……。

　このような感じで板書のイメージを作っていきます。板書のイメージを作っていくと，同時に発問が浮かんできます。

　「家族の幸せ」も板書で残したいと考えました。導入（板書左側）では，学習する前の「家族の幸せ」展開後段（板書右側）では，「家族の幸せのためには何ができるか」「親にとっての家族の幸せは何か」についてまとめていこうという構想です。

　ちなみに，写真の左下側に載せているのは「反省」についてです。自分が授業をした後に，赤のボールペンで書き込んだものです。対比型の板書で計画して授業を行ったのですが……。心情曲線の型の方がよいと感じました。その秘密は，後ほど実際の板書写真とともに解説します。

　対比型でも悪くなかったのですが，こうやって反省することで次も同じように考える場面でこの反省が活きてきます。

　板書計画で意識していることは，少し「余白」を作っておくということです。そうしておくと，予想外の意見が出た時に板書できますよね。あと，私は展開後段に余裕があったら，子どもたちにも黒板に意見を書きにきてもらうということをよくやっています。その時に余白があると書かせやすいです。

「家族のために」─家族愛，家庭生活の充実

導入
T:「家族の幸せって何ですか？（幸せな時ってどんな時）」
C:「団らんしているとき」
C:「楽しいことをみんなでしている」
C:「おいしいものを食べているとき」
T:「今日の話は家族の話です。家族の幸せについて考えながら聞きます。」
↓ 範読

展前
T:「はらを立てたアキは、どんなことを考えていましたか」
C:「何でわたしばっかりついてない」
C:「友だちはやっていないのに」
C:「めんどくさいなぁ」
T:「みんなもこういう経験ある？」
C:「あります！おしつけられた…」

中心
T:「アキの家族へのおもいが強くなったのは、どちらだろう？」
理由もふくめて、ワークシートに書く（ネームプレートをとりにくる）
A
C:「夜遅くまでがんばってくれている」
C:「大変なのにやってくれてる」
T:「もし、早く帰ってきていたら？」
C:「それでも、家族のためをおもっているからいいと思う」
C:「私（アキ）のことを思っていると思う」
C:「お母さんやお父さんの気持ちがアキに伝わった」
T:「どんな気持ち？」
C:「大切にしたい気持ち」

B
C:「自分も家族のために役に立ちたい」
C:「少しでも楽してもらいたい」
C:「仕事じゃなくてもやろう」
T:「どういうこと？」
C:「もともとわり当てられた役割じゃなくてもやるっていうこと」
T:「では、アキさんがたくさんやればいいのかな？」
C:「そうではないけど…家族のためをおもってやることが大切」
C:「心をこめてやることが大切」

展後
T:「家族の幸せのためには何ができることはあるかな」大切
C:「できることをやる」
C:「相手のことを考えてやる」
C:「やろうとする気持ち」
C:「役に立つことをする」
C:「何ができるかを考える」
T:「これを聞いた親はどう思うかな？」
C:「成長したな」
C:「幸せだな」
説話
T:「家族とは…」
限られた時間

ノートの左側には，このように1時間の授業の流れを書いていきます。実際の授業のイメージをふくらませつつ……。

授業の流れ，発問，予想される反応，問い返し発問などをすべて文章として書き起こしています。

「こんなに丁寧に書かなくてもいいんじゃないですか」という風に言われそうです。はい。私もそう思います。事実，このように書かなくても授業はできます。しかし，書く利点もあります。

1つ目の利点は，イメージトレーニングになっているということです。授業はイメージするほどに精度が高まると思っています。「どの順番で発問するのか」「どんな発問をするのか」「どんな答えが返ってくるのか」これらを考えることは無駄にはなりません。

2つ目の利点は，「問い返し発問」を考えられるということです。問い返し発問は，たくさん考えておいた方がいいと思っています。中でもここは絶対に問い返すというポイントは逃してはいけないと思います。

3つ目の利点は，人に伝えやすいということです。これは，道徳教育推進教師という立場からの話になりますが，授業を見に来てもらった際に，ノートのコピーを渡せば，授業の流れが分かりやすいですよね。

さてさて，ノートを書く中で発問が固まってきました。

導入では，「家族の幸せって何ですか」

展開前段では，「腹を立てたアキはどんなことを考えていましたか」

中心発問では，「アキの家族への思いが強くなったのはどちらの場面だろう」

展開後段では，「家族の幸せのためには何が大切だろう」

終末では，「家族と一緒に過ごせる時間には限りがある」

このような流れを考えました。どれも，ねらい（めあて）を達成するために考えた発問です。中心発問につなげるために，展開前段では，落差を意識して「家族への不満」の部分に焦点を当てました。こうすることで，中心場面で，家族への思いが強まったことがより鮮明に浮かび上がってきます。導入と終末がセットになっていることにも気を付けました。

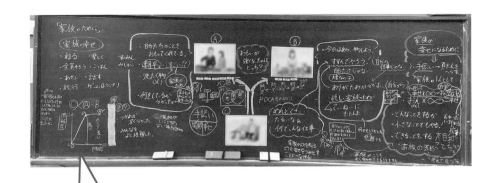

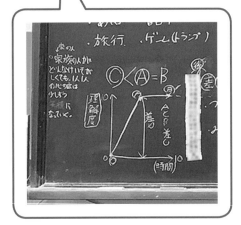

左の写真は１人の子どもが書きにきた「アキの家族への思いの強さ」グラフです。

このように，黒板に自由に書かせることができると，授業がより一層面白くなります。

　授業を終えてみての感想です。板書の写真を載せたわけですが，子どもたちの思いがあふれる板書になったのではと思います。

　中心発問で「アキは，どちらの場面の方が家族への思いが強くなったのかな」としたため，話し合いが盛り上がりました。ネームプレートを使って立場を表明させていたので，こちらも意見を聞きやすかったです。

　さて，ここまでいくと順調に授業が進んでいるように思えるかもしれませんが，実はここである子が次のように言いました。

　子「アキの思いが強くなったのは，Ａの場面でも，Ｂの場面でもなく，その後なんじゃないかな」

　私「どういうことかな。詳しく教えてくれる？」

子「黒板に書いて説明してもいいですか？」

私「どうぞどうぞ」

このようなやりとりがあった後，その子は黒板の左下にグラフを書きにきてくれました（ここで，間違っても「AとBの2択で考えなさいと言ったじゃないですか」などと，可能性をつぶしてはいけませんよ）。

子「Cの場面（腹を立てていた）よりも，AやBの方が思いが強くなっています。だからC＜A＝Bです。でも，この出来事の後の方が，思いがどんどん強くなっていくと思います。」

この発言を聞いて，とっさに思い出しました。「時間軸」で考えることについてです。

その発言をした子は，お話の先の登場人物について考えていたわけです。

この視点は，本当に大切だと思っているのに，発問をする段階では，考えから抜け落ちていました。

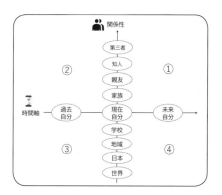

その後，ネームプレートを動かしてもよい時間をとりました。

私「これらの発言を聞いて，考えが変わった人はネームプレートを動かしに来てください」

最終的には，その発言を聞いてグラフのところにネームプレートを貼り変える子が多かったです。友達の考えを聞いて，自分の考えが変わったのだからよいことだと思います。

一方で，それでもなお，AやBに貼った子がいます。それはそれで，自分の考えをしっかりともてていることなので，素敵なことだと思いました。

その後は，「家族が幸せになるためには何が大切か」について発問しまし

た。

　導入では，家族の幸せは「寝る」「ごはんを食べる」といった意見が多かったのですが，「家族の一員として，どんな小さなことでもやる」「お手伝いではなくて，家族としての仕事をするのが大切だと思う」と子どもたちなりに考えることができていました。

　そして，最終段階として，「ここまでで，黒板に書かれていないことで考えたことがある人は黒板に書きにきてもいいよ」としました。
　言葉で補足する子，ベン図を使う子，天秤の絵を描く子，PDCA サイクルと照らし合わせる子……。本当に様々な意見が出てきて改めて道徳って面白いよなと思える瞬間でした。
　図で描くことがいいとは限りませんが，伝えたいことのイメージは伝わりやすいと思っています。子どもたちが図を使えるようになるには，日頃から，「教師が図でイメージ化すること」や，「ワークシートに図で考えを描いてもいいよと伝えること」の継続が大切かなと思います。

　さて，数頁前の板書計画の時に，〈反省〉として，ノートに書いていたことなんですが……。
　今回の授業は，「出来事のその後の方が家族への思いが強くなる」という意見が「たまたま」出てきたので，深い話し合いになりました。し

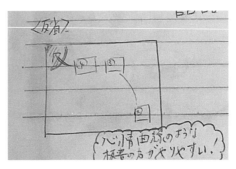

かし，果たしてこの流し方で授業をした時に，他のクラスでもこうなるかと言われると……おそらく出ない意見ではないかと感じました。
　「この話の後，アキの家族への思いはどうなるかな」このように発問として予定しておくのもよいのですが，理想としては子どもたちからその考えを引き出したいですね。

そうすると，「対比型」で板書するよりも，「心情曲線型」で板書しておく方が，物語の先を自然と考えられるという風に考えました。

　このように次回，同じ授業をするならどうするかについて〈反省〉を書き込んでいきます。

　いかがだったでしょうか。この章では，実際にノートに授業を作るところから，授業をしてみての〈反省〉までを解説してみました。何となく，授業作りをする時の雰囲気は伝わったのではないかなと思います。

　最後に，ノートの全体を写したものを掲載しておきます。私も，最初の頃は，見開きどころか，ノート1頁にも満たない教材研究でした。ノートに書くことを継続していくと，教材研究の仕方が分かってきますよ。

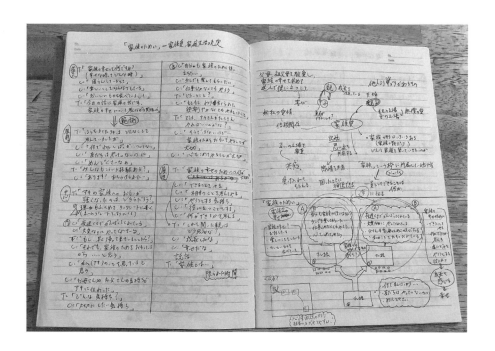

授業作りができるようになったら……

「道徳の授業面白い！」「もうちょっと話し合いをしたかったなぁ」授業の中で話し合いが白熱した時は，こんな声が聞こえてきます。

また，ワークシートの振り返りでは，「今日の授業を通して，いっぱい考えました。この時間だけでは考えられなかったので，今後も考え続けていきたいです」こんな言葉が見られるようになってきました。

私がこんな風に，子どもたちが「話し合い」を楽しみにしてくれるような授業作りをできるようになったのはいつ頃でしょうか……。実は，10年経ってから，できるようになったという気がしています。

なぜ10年という時間がかかったのかというと「授業はパーツの組み合わせでできる」ということに気が付くまで，時間がかかったからです。

このことに気が付くまでは，試行錯誤の日々を送りました。どこかから指導案を引っ張ってきて，自分の授業に取り入れたり，指導書とにらめっこしたり，研究会に入ったり……。

もちろん，私にとって，このプロセスは無駄ではなかったと思っていますが，もし，最初からこのことに気が付いていたら……これまで関わってきたすべての子どもたちと一緒にもっと楽しい授業ができていたかもしれません。

知識は知っているだけでは，「生きた知識」とは言えません。まずは，やってみる。そして，自分にとって合うのか，あるいは，クラスの実態に合っていたのかなどを考えてみる。そうして，試行錯誤してくことで自分の中で「生きた知識」となります。

本書に載っている「板書」や「話し合いの仕方」などをまずは，そのまま試してみてください。するとそのうち違和感が出てくることでしょう。その

時に，自分なりに形を変えていく。それを何らかの形で残していく。すると，あなただけのオリジナルの「型」が完成します。あなただけのオリジナルの「型」が作られると，それは「強み」に変わります。「強み」があると，毎回の道徳の授業がより楽しくなりますよ。

　私の好きな言葉に「名人に定石（定跡）なし」という言葉があります。「定石（定跡）」は囲碁や将棋で使われる言葉です。意味は，「最善とされる決まった打ち方」です。昔の人が編み出した定石（定跡）は現代でも形を変えながら，受け継がれている「型」となっています。もちろん，プロやプロのトップである名人も定石（定跡）を使います。

　ですが，名人は時として，定石（定跡）を超えた手を打ちます。それは，「型」を知り尽くした名人だからこそ，生み出された場合の手なんです。

　みなさんも，「型」を使って，授業を作ることができるようになったら，ぜひ，自分で「型」を生み出したり，「型」には頼らずに，自由に授業を作ったりしてみてください。それくらい自由に授業作りをすることができるのが，道徳の醍醐味でもあります。

　私も進化し続けています。次はどんな「型」が生み出されて，どんな風に塗り替えられていくのか。それは，私にも分かっていないワクワクするところです。

　そして，みなさんから「こんな『型』はどうですか」という声が聞こえてくるのを心待ちにして楽しみにしています。

　最後に，初めての執筆にもかかわらず，あきらめずに完成できたのは，明治図書出版の担当である茅野現さんの温かいサポートがあってこそです。このような機会をくださり，本当にありがとうございました。

森岡　健太

【著者紹介】

森岡 健太（もりおか けんた）

1987年生まれ。京都府公立小学校教諭。神戸大学発達科学部卒（教育学部）。初任校での，道徳の公開授業失敗をきっかけに，道徳の研究に目覚め，市の道徳教育研究会に所属する。10年以上，道徳の授業作りを研究し，現在は勤務校で道徳教育推進教師を担っている。また，研究主任として，校内の教員が主体的に研究に取り組めるようにと奮闘中。

おもしろすぎて授業したくなる道徳図解

2021年9月初版第1刷刊 ©著 者 森　岡　健　太
2024年1月初版第9刷刊　発行者 藤　原　光　政
発行所 明治図書出版株式会社
http://www.meijitosho.co.jp
（企画）茅野　現　（校正）奥野仁美
〒114-0023　東京都北区滝野川7-46-1
振替00160-5-151318　電話03(5907)6702
ご注文窓口　電話03(5907)6668

＊検印省略　　　　組版所 藤 原 印 刷 株 式 会 社

Printed in Japan　　　　ISBN978-4-18-375819-4
もれなくクーポンがもらえる！読者アンケートはこちらから